Sehnsucht nach Gott

Dieses Bibel-Gebets-Tagebuch
gehört

____

und ist für das Jahr

____

Frank M. Hasel

Sehnsucht nach Gott

Ein Bibel-Gebets-Tagebuch

Praktische Anregungen für die tägliche Zeit mit Gott

Seminar Schloss Bogenhofen

Die Deutsche Bibliothek – CIP-Einheitsaufnahme

Frank M. Hasel:
Sehnsucht nach Gott: Ein Bibel-Gebets-Tagebuch
– St. Peter am Hart, Österreich: Seminar Schloss Bogenhofen, 2012.
Korrektur: Sigrun Schumacher, Luise Schneeweiß
Layout: Roland Dell'mour
Verlagsarchivnummer: 020112
ISBN 978-3-900160-78-4

Die Deutsche Bibliothek – Bibliographische Information
Die Deutsche Bibliothek verzeichnet diese Publikation in der Deutschen Nationalbibliographie; detaillierte bibliographische Daten sind im Internet über http://dnb.ddb.de abrufbar.

Cover-Gestaltung: Simon Eitzenberger.
Druck: Konrad Print+Medien (Rudersberg, Deutschland).

ISBN 978-3-900160-78-4

In Erinnerung
an meine wundervolle Ehefreundin Ulrike
(*30.04.1965 – †03.10.2009)

Mit diesem Buch versuche ich fortzusetzen,
was du begonnen und praktiziert hast.
Ich glaube, du würdest dich freuen.
Danke für dein inspirierendes Vorbild!

Ich widme das Buch
meinen drei großartigen Söhnen:

Jonathan

Florian

&

Daniel

Ich wünsche euch lebendige Begegnungen
mit unserem faszinierenden Gott!

Inhaltsverzeichnis

Inhaltsverzeichnis

Danksagung

EIN BUCH WIE DIESES WÄRE NICHT MÖGLICH OHNE DIE TATKRÄFTIGE HILFE UND UNTERSTÜTZUNG ZAHLREICHER MENSCHEN. EIN HERZLICHES DANKESCHÖN GEBÜHRT

• Roland Dell'mour für sein Interesse an diesem Projekt und seine Expertise bei der Formatierung und dem Layout. Danke, Roland dass du zahllose Stunden uneigennützig investiert hast, um das Projekt auf die Reihe zu bringen. Danke, für die deadlines, die du gesetzt hast und für deine Geduld und Kreativität bei der Umsetzung von immer neuen Ideen.

• den Leitern des Andachtsteams des *Seminar Schloss Bogenhofen*, die mir Gelegenheit gaben, eine Woche lang eine Andachtsserie über das Gebet zu halten. Das hat meine Gedanken reifen lassen.

• den Teilnehmern der Kurzbibelschule 2011 am *Seminar Schloss Bogenhofen*. Die ermutigenden Rückmeldungen von teilnehmenden Studenten und älteren Personen zum Thema Gebet waren mir Ansporn, das Buch zeitnah fertig zu stellen.

• allen Betern, die mich in den letzten Wochen, Monaten und Jahren mit ihren Gebeten spürbar umgeben und getragen haben. Allen voran möchte ich meinen Eltern, Kurt und Berbel Hasel, danken, deren Gebete mich von klein auf begleitet haben. Ihr seid große Beter vor dem Herrn. Papa, ich verdanke wertvolle Gedanken in diesem Buch dir. Danke!

• Simone Riedel und ihrer Familie. Durch eure treue wöchentliche Essensversorgung habt ihr mir in den letzten Monaten zeitliche Freiräume geschenkt, die mit dazu beigetragen haben, dass dieses Projekt schneller erscheint. Das war eine schmackhafte und wirklich hilfreiche Unterstützung für mich.

Danksagung

• meinen Söhnen Jonathan, Florian und Daniel. Ich spüre, dass ihr still hinter mir steht und wir zusammen halten. Das tut gut. Daniel, danke für deine gütige Nachsicht und Geduld mit deinem Papa und deine Bereitschaft öfter auf mich zu verzichten, als es mir selber lieb war. Du weißt vielleicht besser als alle anderen, wie sehr ich in diesen praktischen Dingen selbst immer noch Lernender bin. Gemeinsam mit Gott kann es uns gelingen. Wir bleiben dran!

• der Schulleitung des *Seminar Schloss Bogenhofen*, die dieses Projekt wohlwollend begleitet hat. Entstanden ist der konkrete Plan dafür auf der geistlichen Klausurtagung des Verwaltungsrates des *Seminar Schloss Bogenhofen* im September 2010. Es ist erstaunlich, was Gott möglich macht. Es freut mich, an einer Schule zu unterrichten und zu arbeiten, an der die Bibel und das Gebet diese Wertschätzung erfahren.

• den großzügigen Spendern, die durch ihre finanzielle Unterstützung die Verwirklichung dieses Buches möglich gemacht haben.

• Sigrun Schumacher und Luise Schneeweiß für die sprachliche Durchsicht und das Korrekturlesen.

• meinem treuen GOTT – DU hast mich in schwierigen Zeiten nicht fallen lassen und mir weiter geholfen, als oft nichts weiter gehen wollte. Ich bewundere DEINE Geduld mit mir und wie es DIR immer wieder gelingt, kürzeste Zeiträume in ungeheuer produktive Schaffensphasen zu verwandeln. Mehr als alles andere wünsche ich mir, dass der Inhalt dieses Buches DIR die Ehre gibt und Menschen in eine lebendige Nähe zu DIR führt. Mögen sie DICH durch das Lesen DEINES Wortes besser kennen und im Gebet neu lieben lernen.

Einleitung

Gott beim Wort zu nehmen, ist spannend, denn die Bibel steckt voller Überraschungen. Sie schildert Gott in einzigartiger Weise. Die Begegnung mit Gott in der Bibel ist lebensverändernd. Es lohnt sich, sich intensiv mit ihr zu beschäftigen. Um zu erfahren, was sie wirklich sagt, muss man sie aber selbst lesen. Dazu möchte dieses Buch anregen.

Der erste Teil

Der erste Teil bietet praktische Anregungen, wie du die ganze Bibel gewinnbringend lesen kannst. Der Bibelleseplan führt dich im Laufe eines Jahres durch die ganze Bibel. Jeden Tag hast du Gelegenheit, Abschnitte aus dem Alten Testament, dem Neuen Testament und den Psalmen zu lesen. Wenn du dir mehr Zeit lassen willst, kannst du auch nur einen Teil der angegebenen Bibelabschnitte lesen. Egal, wie viel du jeden Tag liest, es ist besser, wenig in der Bibel zu lesen als gar nicht! Damit Gedanken, die dir beim Lesen kommen, nicht in Vergessenheit geraten, kannst du sie in diesem Buch zu jedem Tag notieren. Es ist rückblickend oft faszinierend, zu sehen, welche Einsichten man gewonnen hat und welche Gedanken der Bibel einen das Jahr über begleitet haben.

Beim Lesen der Bibel geht es nicht nur darum, sein Wissen zu erweitern. Oberstes Ziel ist die Begegnung mit dem lebendigen Gott. Er ist es, der sein Wort gegeben hat. Er teilt sich darin mit. Gott hat in der Heiligen Schrift seinen Willen und Heilsplan geoffenbart. Auf den Seiten der Bibel begegnet dir Jesus Christus, Gottes Sohn, der dir zeigt, wie Gott wirklich ist. Das Lesen der Heiligen Schrift eröffnet neue Horizonte, weil es dich in die Begegnung mit dem lebendigen Gott führt. Das ist im wahrsten Sinn des Wortes bereichernd und lebensverändernd.

Zu jeder Begegnung mit Gott, zu jedem Bibellesen, gehört auch Gebet. Deshalb findest du für jeden Tag Platz, um die Gedanken deiner Gebete zu notieren. Beten, wie es Gott gefällt, ist weit mehr als das Bitten um die Erfüllung meiner Wünsche. Beten, wie es Gott gefällt, führt in die unmittelbare Gegenwart Gottes und ist ein wesentlicher Teil der lebendigen Gemeinschaft mit ihm. Dieses Buch ist dazu da, dich auf deinem Weg der Begegnung mit Gott zu ermutigen und deine Beziehung zu ihm betend zu beleben.

Am Ende jeden Monats

Am Ende jeden Monats findest du weitere bewährte Vorschläge zum Gebet und Anregungen, um über dein Glaubensleben nachzudenken. Du erhältst Anstöße, nach dem Herzen Gottes zu beten und in deinen Gebeten für andere Menschen zielgerichteter zu sein. Du hast die Möglichkeit, Gottes Wesen neu zu reflektieren und Gott durch dein bewusstes Loben und Danken anders zu erleben. Du wirst ermutigt, dich mit schwierigen und herausfordernden Aspekten des Betens auseinander zu setzen: Was passiert, wenn meine Gebete keine Erfüllung finden? Was bedeutet es, zu beten und zu fasten? Wie werde ich frei von Verbitterung und Groll?

Am Ende des Buches

Am Ende des Buches befinden sich Gebetsschwerpunkte für jeden Tag der Woche, die deinem Beten eine neue Struktur geben können. So kannst du neben Lob und Dank jeden Tag gezielt Gebetsanliegen vor Gott bringen.

Dieses Bibel-Gebets-Tagebuch bietet dir die Möglichkeit, deine Einsichten aus Gottes Wort und deine Gebetsgedanken täglich zu notieren, sodass sie nicht verloren gehen. Dadurch wird es ein täglicher Begleiter deiner geistlichen Reise mit Gott sein. Gerade in einer Zeit der digitalen Schnelllebigkeit hat die ordnende Kraft schriftlich festgehaltener Gedanken nichts an ihrer Schönheit eingebüßt. Um Erfahrungen mit Gott zu Papier (!) zu bringen, Ideen zu sammeln und Empfindungen niederzuschreiben, ist ein Buch wie dieses unübertroffen! Du wirst es schon bald selbst erleben.

Zu schnell vergessen wir Gottes Segnungen

Zu schnell vergessen wir Gottes Segnungen und die positiven Erfahrungen, die wir mit ihm machen, und wundern uns über unsere eigene Sprachlosigkeit, wenn es darum geht, anderen Menschen von ihm zu erzählen. Gott wusste um das Problem unserer menschlichen Vergesslichkeit. Nicht umsonst begegnet uns in der Bibel die Aufforderung, sein Handeln nicht zu vergessen: *„Lobe den Herrn, meine Seele, und vergiss nicht, was er dir Gutes getan hat"* (Ps 103,2).

Eine Möglichkeit, unserer geistlichen Vergesslichkeit entgegenzuwirken, ist ein Bibel-Gebets-Tagebuch zu führen. Gebetstagebücher gibt es einige. Was dieses Bibel-Gebets-Tagebuch von anderen unterscheidet, ist die bewusste Ausrichtung auf Gott und sein Wort als Grundlage unserer Beziehung zu Gott. Erst in zweiter Linie geht es um persönliche Gebetswünsche. Die prägende Orientierung an Gottes Wort soll dir helfen, auch im persönlichen Gebet auf Gott ausgerichtet zu sein. Erst innerhalb der Freundschaft mit Gott gewinnen die verschiedenen täglichen und wöchentlichen Gebetsanregungen ihren Sinn.

Die Anregungen, die du auf diesen Seiten findest, sind als Denkanstöße gedacht: Anregungen wollen sie sein, keine Vorschriften. Impulse für ein Leben mit Gott, Bereicherungen, geistliche Anreize, die dich inspirieren können, etwas selber auszuprobieren. Hier findest du kein Geheimrezept, das alle deine Probleme löst. Es geht nicht um irgendwelche Rituale, die mechanisch heruntergespult werden. Vielmehr soll dein eigenes Bibellesen und Beten belebt und inspiriert werden. Experimentieren ist erwünscht.

Einleitung

Ich habe die Inhalte dieses Bibel-Gebets-Tagebuches in den letzten zwei Jahren seit dem Tod meiner Frau selbst erprobt. Mein geistliches Leben wurde in vielfacher Weise bereichert. In schwierigen Zeiten half es mir, Gottes Fürsorge in meinem Leben nicht zu vergessen. Wenn entmutigende Gedanken sich schwer auf mein Herz legen und mich bedrückten, half mir ein bewusstes Danken, zufrieden und fröhlich zu werden. Ich lernte, meine Bewunderung über Gottes Charakter und seine Eigenschaften noch vielfältiger und lebendiger zum Ausdruck zu bringen. Die Beziehungen zu meinen Kindern, zu meiner Familie, zu meiner Gemeinde, zu meinen Nachbarn, zu den Menschen in der Umgebung, in der ich lebe und arbeite, wurden durch neue Impulse belebt. Das Bibel-Gebets-Tagebuch hilft dabei, die Segnungen Gottes nicht zu vergessen, ihn noch besser zu verstehen und inniger zu lieben. Der vielleicht erstaunlichste Nebeneffekt aber ist die positive Veränderung, die dein Leben durch die Begegnung mit Gottes Wort erfährt. Mit dem lebendigen Gott der Bibel durch das Gebet verbunden zu sein, prägt das Leben wie nichts anderes. Letztlich trägt es dazu bei, Jesus ein Stück ähnlicher zu werden. Das ist mein Wunsch für dein Leben.

Gewinnbringendes Bibelstudium

Nichts stärkt den Verstand mehr, als das Studium der Bibel. Kein anderes Buch hat eine solche Kraft, unsere Gedanken zu erheben und uns zum Guten zu verändern. Die Bibel zeigt uns, wie wir wirklich sind. Sie bringt uns Gott nahe und offenbart, was ihm wichtig ist. Sie kann von einfachen Leuten, ja selbst von Kindern, verstanden werden, und bietet gelehrten Menschen noch immer Gelegenheit, Neues zu lernen. Bibellesen eröffnet im wahrsten Sinn des Wortes neue Dimensionen und vermittelt Werte, die einzigartig sind. Damit die Bibel diese Wirksamkeit entfalten kann, beachte die folgenden Anregungen:

Offenheit und Lernbereitschaft

Lege beim Lesen der Heiligen Schrift alle Vorurteile und vorgefassten Meinungen so gut es geht beiseite. Wer die Bibel liest, um seine eigenen Ideen bestätigt zu finden, kann nicht erwarten, vom Wort Gottes verändert zu werden und Neues zu lernen. Richte deine Meinung deshalb nach dem Wort Gottes aus, nicht die Bibel nach deiner Meinung. Gott kennt deine innere Einstellung. Aufrichtigkeit ist ihm angenehm (1 Chr 29,17). Dem Aufrichtigen lässt Gott es gelingen (Spr 2,7). Jesus sagt: „*Wenn jemand dessen Willen tun will, wird er innewerden, ob diese Lehre von Gott ist, oder ob ich von mir selber aus rede*" (Jo 7,17).

Liebevoller Gehorsam

Es ist nicht die Haltung der Skepsis, des systematischen Zweifels und der Kritik, die dir die Botschaft der Bibel erschließt, sondern die Einstellung der Liebe und des Gehorsams, die dich Gottes Wort tiefer verstehen lässt und dir die Schätze der Bibel eröffnet (vgl. 1 Kor 2,9-10). Liebe vertraut dem Gegenüber und wagt es, neu Erkanntes im eigenen Leben umzusetzen. So öffnet sich die Tür für weitere Erkenntnis und Wachstum. Gott kann dir diese Bereitschaft schenken (Phil 2,13).

Gewinnbringendes Bibelstudium

Ausdauer

Wertvolle Einsichten und Entdeckungen erfordern mitunter Beharrlichkeit. Amerika wurde auch nicht an einem Tag entdeckt. In Sprüche 2,3-5 klingt etwas von dieser Ausdauer an: *„Wenn du nach Vernunft rufst und deine Stimme nach Einsicht erhebst, wenn du sie suchst wie Silber und nach ihr forschst wie nach Schätzen, dann wirst du die Furcht des Herrn verstehen und die Erkenntnis Gottes finden.*" Es lohnt sich, mit Ausdauer nach den Schätzen in der Bibel zu suchen. Auch wenn du beim ersten Lesen nicht alles verstehst, wenn dir manches fremd oder schwer verständlich vorkommt – bleib dran und lies weiter! Praktiziere, was du erkannt und verstanden hast. Und bedenke: Jede Erkenntnis braucht Zeit, um zu reifen. Und wenn du einen Tag (oder zwei oder drei …) nicht in der Bibel gelesen hast – fang wieder damit an. Anfangen, in der Bibel zu lesen, ist immer möglich. Dafür ist es nie zu spät!

Reserviere eine besondere Zeit und einen ruhigen Ort

Wer liebt, verbringt gerne Zeit mit der geliebten Person allein. Wähle einen Ort, an dem du möglichst ungestört lesen und über Gottes Wort nachdenken kannst. In unserem hektischen Alltag kann das nur gelingen, wenn du dir dafür bewusst ein bestimmtes Zeitfenster frei hältst. Oft eignen sich die ersten Stunden des Tages für solche Minuten der Stille und Besinnung. Diese Momente, bevor der Arbeitsalltag beginnt, können zum Segen für den ganzen restlichen Tag werden, weil dich die wertvollen Gedanken die nächsten Stunden begleiten werden. Vielleicht findest du einen anderen Zeitpunkt, an dem du jeden Tag ungestört einige Minuten mit Gott und seinem Wort verbringen kannst. Werde erfinderisch. Und wenn du abends, vor dem Zubettgehen, den Tag mit einem Gedanken aus der Bibel ausklingen lässt, kannst du die Erfahrung des Psalmschreibers machen, der *„Lust"* am Wort Gottes hat: *„… und sinnt über seinem Gesetz Tag und Nacht"* (Ps 1,1).

Gewinnbringendes Bibelstudium

Gebet

Keiner kann dir Einsichten in die Bibel besser erschließen als der, der die Heilige Schrift inspirierte (vgl. 2 Tim 3,16; 2 Pt 1,19-21). Der Heilige Geist hilft dir nicht nur, geistliche Dinge aus Gottes Sicht zu verstehen (1 Kor 2,13-14), sondern weckt in dir auch das Verlangen, dem Wort Gottes gehorsam zu sein. Im Gebet drückst du aus, dass du dir diese Führung Gottes wünschst und zum Gehorsam bereit bist. Und bedenke: Der Heilige Geist wird dich immer in Harmonie mit dem Wort Gottes leiten. Er wird klare Aussagen der Bibel nicht außer Kraft setzen, sondern führt zu einem bereitwilligen Gehorsam in Übereinstimmung mit dem Wort Gottes. Im Übrigen gewinnt man auf den Knien im wahrsten Sinne des Wortes zu manchen Problemen des Lebens eine neue Perspektive.

Mit wachen Augen lesen

Nur wer die Bibel tatsächlich liest, lernt sie kennen und verstehen. Dich selbst mit der Bibel vertraut zu machen ist besser, als nur etwas *über* die Bibel zu hören. Indem du die Bibel liest, tauchst du in ihre Gedankenwelt ein und fängst an, mit ihr zu denken. Lies auch Altbekanntes in der Bibel mit wachen Augen. W-Fragen können dir dabei helfen, aufmerksam zu sein: *Was* fällt mir auf? *Was* sagt der Text genau? *Welche* Begriffe kommen öfter vor? *Wer* wird erwähnt? *Wie* geschieht etwas? *Wozu* führt das? *Wann* wird das geschehen? *Was* erfahre ich über Gott? *Was* erfahre ich über mich? *Wie* wird Gott beschrieben? *Wieso* ist Gott das wichtig? *Welche* Eigenschaften Gottes werden erwähnt? *Wie* haben Menschen Gott/Jesus erlebt? Notiere dir im Bibel-Gebets-Tagebuch, was du entdeckt hast.

Gewinnbringendes Bibelstudium

Bibel anmerken

Nur ein unterstrichenes und angemerktes Buch ist ein wirklich gelesenes Buch. Wenn du Aussagen der Bibel unterstreichst, findest du sie leichter wieder. Die folgenden Farben und Symbole[1] können dir dabei behilflich sein:

Rot = Positive Dinge
Gelb = Heiliger Geist, Inspiration
Grün = Wiederkunft Jesu
Blau = Glaube, Taufe, Gemeinde
Lila = Heiligtum
Braun = Prophezeiungen
Schwarz = Sünde
etc...

Anwenden

Wenn du das umsetzt und befolgst, was du gelesen und verstanden hast, gewinnst du ein tieferes Verständnis der biblischen Wahrheit. Durch Gehorsam wächst Einsicht. Auch hier können W-Fragen behilflich sein: *Was* bedeutet das für mein Leben? *Welche* Konsequenzen hat das für mich? *Was* soll ich ändern? *Wie* kann ich das Gelesene und Gelernte konkret umsetzen? *Wie* kann ich das Gelernte an andere weitergeben? *Was* ist mir daran wichtig? Notiere im Bibel-Gebets-Tagebuch, was du erkannt hast.

[1]Die Übersicht der Symbole stammt von Michael Dörnbrack, *Das Feuer des Glaubens: Lektionen über Erweckung* (Freikirche der Siebenten-Tags-Adventisten, 2011)

Gebetstagebuch – Januar

Mein Lob – mein Dank – meine Gebetsgedanken

Wer vom 1. Januar ab seine Bibel verstauben lässt, dem wird am 31. Dezember seine Seele verstaubt sein.*

Johann Hinrich Wichern

1. Jan

2. Jan

3. Jan

Bibeltagebuch – Januar

Gottes Verheißungen – meine Erkenntnisse

AT *1 Mo 1, 2* **1. Jan** *Mt 1* NT/Ps

AT *1 Mo 3, 4* **2. Jan** *Mt 2* NT/Ps

AT *1 Mo 5, 6* **3. Jan** *Mt 3* NT/Ps

Mein Lob – mein Dank – meine Gebetsgedanken

Jeden Tag sollte man mit Bibellesen und Gebet anfangen, denn: Entweder wird die Sünde dich von der Bibel abhalten, oder die Bibel wird dich von der Sünde abhalten.*

John Bunyan

4. Jan

5. Jan

6. Jan

Gottes Verheißungen – meine Erkenntnisse

AT *1 Mo 7, 8* **4. Jan** *Ps 1, 2* NT/Ps

AT *1 Mo 9 – 11* **5. Jan** *Mt 4* NT/Ps

AT *1 Mo 12, 13* **6. Jan** *Mt 5* NT/Ps

Gebetstagebuch – Januar

Mein Lob – mein Dank – meine Gebetsgedanken

Das Studium der Heiligen Schrift ist das von Gott bestimmte Mittel, Menschen in engere Verbindung mit ihrem Schöpfer zu bringen und ihnen eine klarere Erkenntnis seines heiligen Willens zu geben. Es ist das Medium zur Kommunikation zwischen Gott und dem Menschen. [1]

Ellen G. White

7. Jan

8. Jan

9. Jan

Gottes Verheißungen – meine Erkenntnisse

AT *1 Mo 14, 15* 7. Jan *Ps 3, 4* NT/Ps

AT *1 Mo 16, 17* 8. Jan *Mt 6* NT/Ps

AT *1 Mo 18, 19* 9. Jan *Mt 7* NT/Ps

Gebetstagebuch – Januar

Mein Lob – mein Dank – meine Gebetsgedanken

Wer in der Bibel zu lesen beginnt, der stellt die üblichen Fragen, ungeduldige, unverständige, hochmütige Fragen. Alle diese Fragen bleiben ohne Antwort. Wer trotzdem weiterliest, dem beginnt die Bibel ihre Fragen zu stellen. Wer ihnen nicht ausweicht, findet das Tor zum Leben.**

Horst Bannach

10. Jan

11. Jan

12. Jan

Gottes Verheißungen – meine Erkenntnisse

AT *1 Mo 20, 21* **10. Jan** *Mt 8* NT/Ps

AT *1 Mo 22, 23* **11. Jan** *Ps 5, 6* NT/Ps

AT *1 Mo 24, 25* **12. Jan** *Mt 9* NT/Ps

Gebetstagebuch – Januar

Mein Lob – mein Dank – meine Gebetsgedanken

Durch Gebete weicht der Staub von der Seele und die Last vom Gewissen und die Angst aus dem Herzen.*

Hermann von Bezzel

13. Jan

14. Jan

15. Jan

Bibeltagebuch – Januar

Gottes Verheißungen – meine Erkenntnisse

AT *1 Mo 26, 27* **13. Jan** *Mt 10* NT/Ps

AT *1 Mo 28, 29* **14. Jan** *Ps 7, 8* NT/Ps

AT *1 Mo 30, 31* **15. Jan** *Mt 11* NT/Ps

Gebetstagebuch – Januar

Mein Lob – mein Dank – meine Gebetsgedanken

Die Bibel ist eine Gebrauchsanleitung fürs Leben. Wer die Bibel liest, steht auf gutem Grund. Auf dem Boden der Tatsachen und einer Basis, die gerade in Krisen trägt.*

Peter Hahne

16. Jan

17. Jan

18. Jan

Gottes Verheißungen – meine Erkenntnisse

AT *1 Mo 32, 33* 16. Jan *Mt 12* NT/Ps

AT *1 Mo 34 – 36* 17. Jan *Mt 13* NT/Ps

AT *1 Mo 37, 38* 18. Jan *Ps 9* NT/Ps

Gebetstagebuch – Januar

Mein Lob – mein Dank – meine Gebetsgedanken

Das Gebet ist
die Tür aus dem
Gefängnis unserer
Sorge.**

Hellmut Gollwitzer

19. Jan

20. Jan

21. Jan

Gottes Verheißungen – meine Erkenntnisse

AT *1 Mo 39, 40* 19. Jan *Mt 14* NT/Ps

AT *1 Mo 41, 42* 20. Jan *Mt 15* NT/Ps

AT *1 Mo 43, 44* 21. Jan *Ps 10* NT/Ps

Gebetstagebuch – Januar

Mein Lob – mein Dank – meine Gebetsgedanken

Die Bibel ist nicht dazu da, dass wir sie kritisieren, sondern dazu, dass sie uns kritisiert.**

Søren Kierkegaard

22. Jan

23. Jan

24. Jan

Gottes Verheißungen – meine Erkenntnisse

AT *1 Mo 45, 46* 22. Jan *Mt 16* NT/Ps

AT *1 Mo 47, 48* 23. Jan *Mt 17* NT/Ps

AT *1 Mo 49, 50* 24. Jan *Mt 18* NT/Ps

Gebetstagebuch – Januar

Mein Lob – mein Dank – meine Gebetsgedanken

Wenn wir beten, bleiben die Umstände oft die gleichen, aber wir werden anders.*

Oswald Chambers

25. Jan

26. Jan

27. Jan

Gottes Verheißungen – meine Erkenntnisse

AT *2 Mo 1, 2* 25. Jan *Ps 11, 12* NT/Ps

AT *2 Mo 3, 4* 26. Jan *Mt 19* NT/Ps

AT *2 Mo 5, 6* 27. Jan *Mt 20* NT/Ps

Gebetstagebuch – Januar

Mein Lob – mein Dank – meine Gebetsgedanken

Es gibt begnadete Maler, die mit wenigen Strichen eine ganze Landschaft festhalten können. Ich glaube, in dieser Kunst ist auch die Heilige Schrift Meisterin. Sie sagt nur ein paar Worte; aber es will uns scheinen, als hätte sie mit einem Schlage uns alle und unsere Lage erfasst.**

Johannes Busch

28. Jan

29. Jan

30. Jan

31. Jan

Gottes Verheißungen – meine Erkenntnisse

AT *2 Mo 7, 8* **28. Jan** *Ps 13, 14* NT/Ps

AT *2 Mo 9, 10* **29. Jan** *Mt 21* NT/Ps

AT *2 Mo 11, 12* **30. Jan** *Mt 22* NT/Ps

AT *2 Mo 13, 14* **31. Jan** *Mt 23* NT/Ps

Beten – wie es Gott gefällt

Viele Gebete sind falsch motiviert

Viele Gebete, auch wenn sie ein frommes Mäntelchen tragen, sind letztlich von falschen Motiven geleitet. Ich bete für einen anderen Menschen, weil ich den Verlust einer Beziehung oder Freundschaft fürchte. Ich bete um Erfolg für Gottes Sache, weil ich dabei eine wichtige Rolle spiele und mein Einfluss dadurch gestärkt wird. Ich bitte, dass ich von einer Niederlage verschont bleibe, weil ich mich schäme, zu versagen, und ich mir die hämischen Kommentare der anderen ersparen möchte. Ich bitte um Gesundheit, weil ich mich vor Schmerzen fürchte und nicht eingeschränkt leben möchte. Ich bitte um das Leben eines Menschen, weil ich nicht gerne alleine bin. Ich bitte um die Bekehrung eines Menschen, weil ich es dann leichter habe. Ich bitte um einen Freund oder eine Freundin, weil ich mich nach Liebe und Anerkennung sehne. Ich bitte Gott um bestimmte Dinge, weil ich mich an einen bestimmten Lebensstandard gewöhnt habe und mit weniger nicht zufrieden bin. Ich bitte um Erfolg, weil ich Geld und Vermögen begehre und auch die Bewunderung anderer Menschen. Und wenn ich nicht gleich bekomme, was ich erbitte, intensiviere ich mein Gebet. Frei nach der Devise: *„Ohne Fleiß kein Preis"*. In Grunde genommen kreisen meine Gebete aber häufig nur um mich. Sie kreisen um das, was *ich* haben will. *Ich* will von Gott bestimmte Dinge haben. Manchmal sogar in seinem Namen.

Beten, wie es Gott gefällt, hat Gott im Mittelpunkt

Beten, wie es Gott gefällt, ist anders. Erfrischend anders. Nicht mein ‚Habenwollen' steht im Zentrum des Betens. Gott ist der Mittelpunkt meines Gebets. Das ist der entscheidende Punkt. Beten, wie es Gott gefällt, bedeutet zuallererst, in Gott einen treuen Freund zu erkennen, dessen Gemeinschaft ich suche, weil ER mir wichtig ist, nicht weil ich etwas von ihm haben will. Viel wichtiger als das, was Gott mir gibt, ist seine Gegenwart. Bei ihm weiß ich mich geborgen. Ohne ihn möchte ich nicht leben. Ihn will ich besser kennen lernen.

Beten – wie es Gott gefällt

Von ihm will ich lernen. Ohne ihn würde meinem Leben etwas Entscheidendes fehlen. Wichtiger als alles, was ich bitte, ist, dass ich bei ihm sein kann. Die Zeit mit ihm ist mir kostbar, weil ich ihm alles anvertrauen kann. Er versteht mich. Er hat mich herzlich lieb. Er will mich haben. Ich habe Sehnsucht nach ihm. Das ist das Zentrum wahren Gebetes.[1]

Beten, wie es Gott gefällt, ist auf Gott ausgerichtet. Es beginnt in der Gemeinschaft mit Ihm, nicht mit meinen Wünschen und Bitten. Es geht nicht um bestimmte Formulierungen oder das Befolgen bestimmter Gebetstechniken, die den Zugang zu Gott und die Erfüllung meiner Wünsche garantieren. Beten, wie es Gott gefällt, ist beziehungsorientiert. Wenn meine Bitte, ja selbst meine Fürbitte, nicht aus dieser lebendigen Beziehung mit Gott entspringt, hat sie mehr mit meinem Wünschen und meinem Wohlbefinden zu tun, als mit Gott und seinem Willen. Ohne die lebendige Freundschaft mit Gott gleicht Beten dem Bedienen einer göttlichen Gebetsmaschine: Oben gebe ich meine Bitten ein und unten nehme ich mir das, was ich mir wünsche.

Es geht nicht um das Befolgen bestimmter Gebetstechniken

Beten, wie es Gott gefällt, erfreut sich zuerst an Gott und bringt meine Bewunderung und meine Liebe für ihn konkret zur Sprache. Wenn ich die Beziehung zu Gott als Mittelpunkt meines Gebets verstehe, bekommen meine Bitten und Gebetsanliegen einen völlig neuen Fokus. Ich beginne, von Gott her zu denken. Ich fange an, meine Bitten, meine Wünsche, meine Sehnsüchte, mein ganzes Leben mit seinen Augen zu betrachten. Ich erzähle ihm, was mich wirklich bewegt, was mich unsicher macht, was mich beunruhigt, wonach ich mich tief innerlich sehne, was ich begehre, was ich tunlichst vermeiden möchte,

[1]Die Anregungen für ein *Beten, wie es Gott gefällt,* habe ich dem lesenswerten Buch von Larry Crabb, *The Papa Prayer: The Prayer You've never Prayed* (Nashville, TN: Thomas Nelson, 2006), entnommen. Dort finden sich wertvolle weiterführende Gedanken dazu.

was mir peinlich ist, woran ich Freude habe, was mich zum Jubeln bringt und was mich zur Verzweiflung treibt. Kurzum, ich teile mein Leben mit Gott. Und ich bin bereit, jeden Aspekt meines Lebens mit seinen Augen zu sehen. Diese Perspektive adelt das Gebet. Entferne den Beziehungscharakter des Gebetes, und jedes Gebet bekommt Schlagseite und wird egoistisch und verkehrt.

Beten, wie es Gott gefällt, ist auf Gott ausgerichtet. Gott will meine Sorgen, meine Ängste, meine Wünsche, mein Hoffen, mein Wollen, meine Fähigkeiten, meine Sehnsüchte, meinen Erfolg, meine Ehre, meine Anerkennung, meine Freude, meine Kinder, mein Geld, meinen Besitz, meine Freundschaft, meine Ehe, meine Nöte, meine Bedürfnisse, meine Gesundheit, meine Talente, meine Pläne, mein Lieben, meinen Zorn, meinen Ärger, meine Kreativität, meine Energie, meine Gedanken, meine Verehrung, meine Musik, mein Singen, mein Loben, mein Danken, mein Aussehen – kurzum, Gott will mein ganzes Leben mit mir teilen. Darüber spreche ich mit ihm wie mit einem guten Freund. All das betrachte ich mit seinen Augen.

Beten, wie es Gott gefällt, ist beziehungsorientiert

Beten, wie es Gott gefällt, befreit mein Denken aus dem verhängnisvollen Strudel der ICH-Bezogenheit. Es lässt mich ehrlich werden vor mir selbst und vor Gott. Ich beginne, mich im Licht seiner Liebe und Heiligkeit neu zu sehen. Behutsam dringe ich vor zu dem, worum es beim Beten eigentlich geht: nicht um die Erfüllung meiner Wünsche, sondern um die Gemeinschaft mit dem lebensverändernden Gott. So zu beten, erfüllt mein Leben mit dem Bewusstsein, dass ER im Mittelpunkt steht. Ich denke und wünsche von IHM her. So zu beten, ist eine Herausforderung. Nur allzu leicht bete ich gewohnheitsmäßig anders. Tausendfach wird mir suggeriert, dass Gott mir gibt, worum ich ihn bitte, und mein natürliches, sündiges Herz drängt darauf, dass alle meine Wünsche erfüllt werden. Wie schnell stehe ich in der Versuchung, Gott um etwas zu bitten, bevor ich seine Gegenwart genieße. Die Erfüllung meiner Wünsche ist oft wichtiger als die Gemeinschaft mit ihm.

Beten, wie es Gott gefällt, hat aber Gott im Mittelpunkt meines Betens. Es eröffnet mir neue Perspektiven. Indem ich bewusst über sein Wesen nachdenke, seine Eigenschaften und Fähigkeiten gedanklich reflektiere und in eigenen Worten zur Sprache bringe, wird mein Beten mit Lebendigkeit, ehrfürchtigem Staunen und Bewunderung erfüllt. Nicht meine Probleme und Bedürfnisse sind das Zentrum meiner Gebete, Gott ist es. Beten, wie es Gott gefällt, heißt, in seine Gegenwart zu gelangen. Es ist Ausdruck meiner Gemeinschaft mit ihm. Beten bringt nicht Gott zu mir herunter. Beten hebt mich in seine Gegenwart empor. Beten verändert nicht Gott, es verändert mich. Beginne, so zu beten. Es verändert dein Leben. Probiere es aus!

Du brauchst nicht bis an das Ende der Erde zu gehen, um Weisheit zu finden, denn Gott ist nahe. Keine deiner jetzigen oder zukünftigen Fähigkeiten wird dir letztlich Erfolg schenken; entscheidend ist das, was Gott für dich tut. Wir sollten uns weniger von anderen Menschen erhoffen und viel mehr darauf vertrauen, was Gott für jeden Gläubigen tun will. Er wünscht so sehr, dass wir im Glauben die Hand nach ihm ausstrecken und Großes von ihm erwarten. In weltlichen wie in geistlichen Angelegenheiten möchte er uns Einsicht schenken. Er kann unseren Verstand schärfen und uns Feingefühl und Gewandtheit schenken. Stellen wir deshalb unsere Fähigkeiten dem Werk Gottes zur Verfügung und bitten wir ihn um Weisheit, so wird er sie uns geben. [II]

Ellen G. White

Gebetstagebuch – Februar

Mein Lob – mein Dank – meine Gebetsgedanken

Wir beten nicht, um Gott wissen zu lassen, was wir wollen, denn er kennt unser Herz besser als wir selbst; sondern wer betet, lebt vor ihm, zu ihm hin, von ihm her, gibt Gott, was sein ist, und empfängt, was Er geben will. *

Romano Guardini

1. Feb

2. Feb

3. Feb

Bibeltagebuch – Februar

Gottes Verheißungen – meine Erkenntnisse

AT *2 Mo 15, 16* **1. Feb** *Ps 15, 16* NT/Ps

AT *2 Mo 17, 18* **2. Feb** *Mt 24* NT/Ps

AT *2 Mo 19, 20* **3. Feb** *Mt 25* NT/Ps

Gebetstagebuch – Februar

Mein Lob – mein Dank – meine Gebetsgedanken

Darin ähnelt die Bibel dem nächtlichen Himmel: Je länger man hinschaut, desto mehr Sterne sind da! *

Dmitri Sergejewitsch Mereschkowski

4. Feb

5. Feb

6. Feb

Gottes Verheißungen – meine Erkenntnisse

AT *2 Mo 21, 22* **4. Feb** *Ps 17* NT/Ps

AT *2 Mo 23, 24* **5. Feb** *Mt 26* NT/Ps

AT *2 Mo 25, 26* **6. Feb** *Mt 27* NT/Ps

Gebetstagebuch – Februar

Mein Lob – mein Dank – meine Gebetsgedanken

Das Gebet im Sinne einer Bitte um etwas bildet nur einen kleinen Teil des Gebets überhaupt: Bekenntnis und Buße sind seine Schwelle, Anbetung sein Heiligtum, Gegenwart Gottes sein Brot und Wein. *

C. S. Lewis

7. Feb

8. Feb

9. Feb

Gottes Verheißungen – meine Erkenntnisse

AT *2 Mo 27, 28* 7. Feb *Mt 28* NT/Ps

AT *2 Mo 29, 30* 8. Feb *Ps 18* NT/Ps

AT *2 Mo 31, 32* 9. Feb *Apg 1* NT/Ps

Mein Lob – mein Dank – meine Gebetsgedanken

Feb.

Wie einer lieset in der Bibel, so steht in seinem Haus der Giebel. Die Bibel: Es sind nicht Lesewort, sondern eitel Lebewort drinnen. **

Martin Luther

10. Feb

11. Feb

12. Feb

Gottes Verheißungen – meine Erkenntnisse

AT *2 Mo 33, 34* **10. Feb** *Apg 2* NT/Ps

AT *2 Mo 35, 36* **11. Feb** *Ps 19* NT/Ps

AT *2 Mo 37, 38* **12. Feb** *Apg 3* NT/Ps

Gebetstagebuch – Februar

Mein Lob – mein Dank – meine Gebetsgedanken

Das Reden mit Gott ist unvergleichlich wichtiger als das Reden über Gott. **

Hans Asmussen

13. Feb

14. Feb

15. Feb

Gottes Verheißungen – meine Erkenntnisse

AT *2 Mo 39, 40* 13. Feb *Apg 4* NT/Ps

AT *2 Mo 1 – 3* 14. Feb *Apg 5* NT/Ps

AT *3 Mo 4, 5* 15. Feb *Ps 20, 21* NT/Ps

Gebetstagebuch – Februar

Mein Lob – mein Dank – meine Gebetsgedanken

Die Bibel ist nicht nur für Gelehrte geschrieben, sie wendet sich an alle Menschen. Deshalb sind die grundlegenden Wahrheiten der Erlösung so klar sichtbar wie der helle Tag. Niemand, der sich mit Gottes Wort befaßt, muß fürchten, sich im Gestrüpp unverständlicher Gedankengänge zu verlieren; es sei denn, er liest seine eigene Meinung in die Bibel hinein, anstatt darin Gottes Willen zu suchen. [III]

Ellen G. White

16. Feb

17. Feb

18. Feb

Gottes Verheißungen – meine Erkenntnisse

AT *3 Mo 6, 7* **16. Feb** *Apg 6* NT/Ps

AT *3 Mo 8, 9* **17. Feb** *Apg 7* NT/Ps

AT *3 Mo 10 – 12* **18. Feb** *Ps 22* NT/Ps

Mein Lob – mein Dank – meine Gebetsgedanken

Das ist das
Problem: nicht
ob unsere Gebete
Erhörung finden,
sondern ob sich
Beter finden. *

Helmut Thielicke

19. Feb

20. Feb

21. Feb

Gottes Verheißungen – meine Erkenntnisse

AT *3 Mo 13, 14* **19. Feb** *Apg 8* NT/Ps

AT *3 Mo 15, 16* **20. Feb** *Apg 9* NT/Ps

AT *3 Mo 17, 18* **21. Feb** *Apg 10* NT/Ps

Mein Lob – mein Dank – meine Gebetsgedanken

Schwer verständliche Stellen der Schrift sind von Zweiflern als Beweis gegen die Bibel herangezogen worden, während sie im Gegenteil ein starker Beweis für ihre göttliche Eingebung sind. Wenn die Bibel nur das von Gott berichten würde, was wir leicht verstehen können, und wenn der begrenzte menschliche Verstand seine Größe und Majestät fassen könnte, dann würde ihr das unverkennbare Kennzeichen ihrer göttlichen Autorität fehlen. Gerade die Hoheit und das Geheimnisvolle ihrer Themen sollte uns den Glauben an die Bibel als das Wort Gottes einflößen. [IV]

Ellen G. White

22. Feb

23. Feb

24. Feb

Gottes Verheißungen – meine Erkenntnisse

AT *3 Mo 19, 20* 22. Feb *Ps 23, 24* NT/Ps

AT *3 Mo 21, 22* 23. Feb *Apg 11* NT/Ps

AT *3 Mo 23, 24* 24. Feb *Apg 12* NT/Ps

Gebetstagebuch – Februar

Mein Lob – mein Dank – meine Gebetsgedanken

Aus dem Buß-
gebet bricht der
Lobgesang auf. *

Jochen Klepper

25. Feb

26. Feb

27. Feb

Gottes Verheißungen – meine Erkenntnisse

AT *3 Mo 25, 26* **25. Feb** *Ps 25* NT/Ps

AT *3 Mo 27 – 4. Mo 1* **26. Feb** *Apg 13* NT/Ps

AT *4 Mo 2, 3* **27. Feb** *Apg 14* NT/Ps

Mein Lob – mein Dank – meine Gebetsgedanken

Die Bibel ist
ein Fenster in
dieser engen Welt,
durch das wir in
die Ewigkeit zu
schauen vermögen. **

Timothy Dwight

28. Feb

(29. Feb)

Gottes Verheißungen – meine Erkenntnisse

AT *4 Mo 4, 5* 28. Feb *Apg 15* NT/Ps

(29. Feb)

Gott Danken

„Seid dankbar in allen Dingen; denn das ist der Wille Gottes in Christus Jesus an euch“
(1. Thessalonicher 5,18)

Danken verändert das Leben zum Guten. Danken bringt Segen. Danken ist der Weg Gottes für unser Leben. Wer dankt, der lebt – nicht nur dankbarer sondern auch zufriedener, und damit letztlich auch gesünder. Danken bedeutet, ich erinnere mich und denke daran, dass mir jemand etwas Gutes getan hat und drücke dies mit Worten aus. Dankbarkeit ändert meine Blickrichtung und eröffnet eine positive Lebenseinstellung.

Wie Danken das eigene Leben spürbar verändert, kannst du erfahren, wenn du folgende einfache Übung für einige Tage praktizierst: Schreibe jeden Tag zehn verschiedene Dinge auf, für die du dankbar bist. Du kannst damit in der Dank-Liste rechts anfangen. Nachdem du zehn Stichworte aufgeschrieben hast (z.B. Augen, Bett, Wohnung . . .), überlege dir, was dir diese Dinge bedeuten (z.B. Was bedeuten mir meine Augen? Was ermöglichen meine Augen? Was könnte ich nicht tun, wenn ich blind wäre? Was bedeutet mir mein Bett? Wie wäre es, wenn ich nur auf dem Boden oder einer Isomatte schlafen müsste? Was bedeutet mir meine Wohnung? Wie wäre es, wenn ich nicht die Privatsphäre einer eigenen Wohnung hätte? usw.) Dann schreibe zu jedem Stichwort einen (kurzen) Dankessatz, in dem du Jesus Christus deine Dankbarkeit dafür zum Ausdruck bringst, z.B.: „Herr Jesus Christus, ich danke dir für meine Augen: dass ich Farben wahrnehmen kann; dass ich damit Bücher lesen kann. Herr Jesus Christus, ich danke dir für mein Bett …“ etc. Sprich jeden dieser Sätze laut aus, so dass du dich dabei selber sprechen hörst. Schreibe am nächsten Tag zehn weitere neue Dinge auf, für die du dankbar bist, und praktiziere die gleiche Vorgehensweise. Wenn du die Anregung intensivieren willst, wiederhole dabei die zehn Gründe des Vortags. Am Ende einer Woche hast du bereits siebzig (!) Gründe, dankbar zu sein. Spätestens nach einem Monat hat die Dankbarkeit dein Leben verändert. Garantiert!

Gott Danken

Wofür ich Gott dankbar bin	Wofür ich Gott dankbar bin

Gebetstagebuch – März

Mein Lob – mein Dank – meine Gebetsgedanken

Wer Gottes Antworten auf seine Gebete für andere aufschreibt, hat einen großen Schatz an Erinnerungen.*

Gordon MacDonald

1. Mär

2. Mär

3. Mär

Gottes Verheißungen – meine Erkenntnisse

AT *4 Mo 6, 7* **1. Mär** *Ps 26, 27* NT/Ps

AT *4 Mo 8, 9* **2. Mär** *Apg 16* NT/Ps

AT *4 Mo 10, 11* **3. Mär** *Apg 17* NT/Ps

Gebetstagebuch – März

Mein Lob – mein Dank – meine Gebetsgedanken

Ein ehrlicher Mensch mit einer offenen Bibel und mit Bleistift und Papier wird sehr schnell herausfinden, was bei ihm nicht stimmt.*

Aiden Wilson Tozer

4. Mär

5. Mär

6. Mär

Gottes Verheißungen – meine Erkenntnisse

AT *4 Mo 12 – 14* 4. Mär *Ps 28, 29* NT/Ps

AT *4 Mo 15, 16* 5. Mär *Apg 18* NT/Ps

AT *4 Mo 17 – 19* 6. Mär *Apg 19* NT/Ps

Mär.

Mein Lob – mein Dank – meine Gebetsgedanken

Kurze Gebete
sind lang genug.*

C. H. Spurgeon

Mär.

7. Mär

8. Mär

9. Mär

Gottes Verheißungen – meine Erkenntnisse

AT *4 Mo 20, 21* 7. Mär *Apg 20* NT/Ps

AT *4 Mo 22, 23* 8. Mär *Ps 30* NT/Ps

AT *4 Mo 24, 25* 9. Mär *Apg 21* NT/Ps

Mär.

Gebetstagebuch – März

Mein Lob – mein Dank – meine Gebetsgedanken

Bibelleser sind
Führungskräfte,
weil sie wissen,
wo es lang geht.**

Peter Hahne

10. Mär

11. Mär

12. Mär

Gottes Verheißungen – meine Erkenntnisse

AT *4 Mo 26, 27* **10. Mär** *Apg 22* NT/Ps

AT *4 Mo 28, 29* **11. Mär** *Ps 31* NT/Ps

AT *4 Mo 30, 31* **12. Mär** *Apg 23* NT/Ps

Gebetstagebuch – März

Mein Lob – mein Dank – meine Gebetsgedanken

Ein Asyl für jeden Kummer ist das Gebet.**

J. Chrysostomus

13. Mär

14. Mär

15. Mär

Gottes Verheißungen – meine Erkenntnisse

AT *4 Mo 32, 33* **13. Mär** *Apg 24* NT/Ps

AT *4 Mo 34, 35* **14. Mär** *Apg 25* NT/Ps

AT *4 Mo 36 – 5. Mo 1* **15. Mär** *Ps 32* NT/Ps

Mein Lob – mein Dank – meine Gebetsgedanken

Mär.

Die Widersprüchlichkeit von Christen, die einerseits bekennen, der Bibel zu glauben, andererseits jedoch leben, als gäbe es dieses Buch nicht, war eines der stärksten Argumente meiner ungläubigen Mitmenschen.*

Hudson Taylor

16. Mär

17. Mär

18. Mär

Bibeltagebuch – März

Gottes Verheißungen – meine Erkenntnisse

AT *5 Mo 2, 3* **16. Mär** *Apg 26* NT/Ps

AT *5 Mo 4, 5* **17. Mär** *Apg 27* NT/Ps

AT *5 Mo 6, 7* **18. Mär** *Ps 33* NT/Ps

Mär.

Mein Lob – mein Dank – meine Gebetsgedanken

Mut ist Angst, die gebetet hat.*

Corrie ten Boom

19. Mär

20. Mär

21. Mär

Gottes Verheißungen – meine Erkenntnisse

AT *5 Mo 8, 9* **19. Mär** *Apg 28* NT/Ps

AT *5 Mo 10, 11* **20. Mär** *Rö 1* NT/Ps

AT *5 Mo 12 – 14* **21. Mär** *Rö 2* NT/Ps

Mein Lob – mein Dank – meine Gebetsgedanken

Viele Leute haben nichts dagegen, dass die Bibel ihnen in Zeiten der Not und Trübsal Trost spendet; aber es fällt ihnen nicht ein, sie als Beraterin im täglichen Berufsleben zu gebrauchen.*

C. H. Spurgeon

22. Mär

23. Mär

24. Mär

Gottes Verheißungen – meine Erkenntnisse

AT *5 Mo 15, 16* 22. Mär *Ps 34* NT/Ps

AT *5 Mo 17, 18* 23. Mär *Rö 3* NT/Ps

AT *5 Mo 19, 20* 24. Mär *Rö 4* NT/Ps

Mein Lob – mein Dank – meine Gebetsgedanken

Die Kraft des Gebetes lässt sich nicht einmal in Newton darstellen.*

Stefan Bucholz

25. Mär

26. Mär

27. Mär

Gottes Verheißungen – meine Erkenntnisse

AT *5 Mo 21, 22* **25. Mär** *Ps 35* NT/Ps

AT *5 Mo 23, 24* **26. Mär** *Rö 5* NT/Ps

AT *5 Mo 25, 26* **27. Mär** *Rö 6* NT/Ps

Mein Lob – mein Dank – meine Gebetsgedanken

Es gibt Menschen, die die Bibel nicht brauchen. Ich gehöre nicht zu ihnen. ... Ich brauche sie, um zu verstehen, woher ich komme. ... Ich brauche sie, um zu wissen, dass einer über mir ist und mir etwas zu sagen hat. Ich brauche sie, weil ich gemerkt habe, dass wir Menschen in den entscheidenden Augenblicken füreinander keinen Trost haben und dass auch mein eigenes Herz nur dort Trost findet.**

Jörg Zink

28. Mär

29. Mär

30. Mär

31. Mär

Gottes Verheißungen – meine Erkenntnisse

AT *5 Mo 27, 28* 28. Mär *Rö 7* NT/Ps

AT *5 Mo 29, 30* 29. Mär *Ps 36* NT/Ps

AT *5 Mo 31, 32* 30. Mär *Rö 8* NT/Ps

AT *5 Mo 33, 34* 31. Mär *Rö 9* NT/Ps

Gott Loben

„Gehet zu seinen Toren ein mit Danken, zu seinen Vorhöfen mit Loben; danket ihm, lobet seinen Namen" (Psalm 100,4)

„Halleluja! Lobe den HERRN, meine Seele! Ich will den HERRN loben, solange ich lebe, und meinem Gott lobsingen, solange ich bin." (Psalm 146,1-2)

In der Bibel begegnen uns immer wieder Menschen, die Gott loben. Dabei fällt auf, dass Gott zu loben viel mehr bedeutet, als lediglich die Worte auszusprechen: „Ich lobe und preise dich". Ich lobe Gott, wenn ich sein Wesen, sein Handeln und sein Tun mit anerkennenden Worten positiv beurteile. Im Lob bringe ich meine Freude, Zufriedenheit und auch meine Begeisterung über Gott zum Ausdruck. Es lohnt sich besonders, über Gottes Wesen, seine Eigenschaften, seinen Charakter und seine Fähigkeiten nachzudenken. Wenn ich ausspreche, was ich an Gott schätze, was mir bestimmte Eigenschaften Gottes bedeuten, warum sie mich mit Freude erfüllen und ich sie nicht missen möchte, dann lobe ich Gott.

Wenn du beim Lesen der Bibel auf eine Eigenschaft Gottes stößt, die dich fasziniert und die deine Bewunderung hervorruft, dann schreibe sie auf. Jetzt überlege, was dir diese Eigenschaft bedeutet. Schreibe auf, was du an Gott so schätzt, und warum dir dieser Wesenszug Gottes wichtig ist. Nehmen wir zum Beispiel Gottes Allwissenheit (vgl. Ps 139,1-18; 1 Jo 3,20). Ich bin froh, dass Gott alles weiß, denn das bedeutet, dass es nie eine Situation geben wird, in der er unvorbereitet ist. Gott ist allwissend. Das heißt, er kennt sich aus. Er weiß Bescheid. Das gibt mir die Sicherheit, dass Gott in keiner Situation in Verlegenheit kommt oder plötzlich nicht weiter weiß. Es beruhigt mich, dass Gott nichts übersehen hat. Er kennt auch das, was noch zukünftig ist. Deshalb handelt er in der Heiligen Schrift auch seiner Allwissenheit gemäß, indem er Weisheit schenkt oder Verborgenes offenbart. Das fasziniert mich an Gott. Erst durch das bewusste Nachdenken über sein Wesen und sein Handeln bin ich in der Lage, Gott wirklich zu loben.

Gott Loben

Eigenschaft Gottes	Was ich an Gott bewundere und schätze

Gebetstagebuch – April

Mein Lob – mein Dank – meine Gebetsgedanken

Komisch, dass uns beim Beten oft nichts einfällt, dass es uns aber gar nicht schwerfällt, am Telefon über andere zu reden.*

(Unbekannt)

Apr.

1. Apr

2. Apr

3. Apr

Gottes Verheißungen – meine Erkenntnisse

AT *Jos 1 – 3* 1. Apr *Ps 37* NT/Ps

AT *Jos 4, 5* 2. Apr *Rö 10* NT/Ps

AT *Jos 6, 7* 3. Apr *Rö 11* NT/Ps

Mein Lob – mein Dank – meine Gebetsgedanken

Die beste Bibelübersetzung verdanke ich meiner Mutter. Sie übersetzte die Bibel in das Leben.*

John Thiessen

4. Apr

5. Apr

6. Apr

Gottes Verheißungen – meine Erkenntnisse

AT *Jos 8, 9* **4. Apr** *Rö 12* NT/Ps

AT *Jos 10, 11* **5. Apr** *Ps 38* NT/Ps

AT *Jos 12 – 15* **6. Apr** *Rö 13* NT/Ps

Mein Lob – mein Dank – meine Gebetsgedanken

Gefaltete Hände sind das Kapitulationszeichen des Werkmenschen.

Frank Hasel

7. Apr

8. Apr

9. Apr

Gottes Verheißungen – meine Erkenntnisse

AT *Jos 16 – 19* 7. Apr *Rö 14* NT/Ps

AT *Jos 20 – 22* 8. Apr *Ps 39* NT/Ps

AT *Jos 23, 24* 9. Apr *Rö 15* NT/Ps

Mein Lob – mein Dank – meine Gebetsgedanken

Die meisten Menschen haben Schwierigkeiten mit den Bibelstellen, die sie nicht verstehen. Ich für meinen Teil muss zugeben, dass mich gerade diejenigen Bibelstellen beunruhigen, die ich verstehe.*

Mark Twain

10. Apr

11. Apr

12. Apr

Gottes Verheißungen – meine Erkenntnisse

AT *Ri 1, 2* 10. Apr *Rö 16* NT/Ps

AT *Ri 3, 4* 11. Apr *Mk 1* NT/Ps

AT *Ri 5, 6* 12. Apr *Ps 40, 41* NT/Ps

Gebetstagebuch – April

Mein Lob – mein Dank – meine Gebetsgedanken

Die Sorge treibt mich ins Gebet hinein, und dieses wieder aus der Sorge hinaus.*

Ulrich Zwingli

13. Apr

14. Apr

15. Apr

Gottes Verheißungen – meine Erkenntnisse

AT *Ri 7, 8* 13. Apr *Mk 2* NT/Ps

AT *Ri 9, 10* 14. Apr *Mk 3* NT/Ps

AT *Ri 11, 12* 15. Apr *Ps 42, 43* NT/Ps

Gebetstagebuch – April

Mein Lob – mein Dank – meine Gebetsgedanken

Der Mensch, der seine Bibel nicht liest, hat keinen Vorteil gegenüber einem Menschen, der keine Bibel besitzt.*

(Unbekannt)

Apr.

16. Apr

17. Apr

18. Apr

Gottes Verheißungen – meine Erkenntnisse

AT *Ri 13, 14* 16. Apr *Mk 4* NT/Ps

AT *Ri 15, 16* 17. Apr *Mk 5* NT/Ps

AT *Ri 17, 18* 18. Apr *Mk 6* NT/Ps

Mein Lob – mein Dank – meine Gebetsgedanken

Der Mückenschwarm von belangloser Sorge und Entscheidungen um den Verlauf der nächsten Stunde hat mein Gebet häufiger gestört als irgendeine Leidenschaft oder Lust.*

C. S. Lewis

19. Apr

20. Apr

21. Apr

Gottes Verheißungen – meine Erkenntnisse

AT *Ri 19, 20* 19. Apr *Ps 44* NT/Ps

AT *Ri 21* 20. Apr *Mk 7* NT/Ps

AT *Rut 1, 2* 21. Apr *Mk 8* NT/Ps

Gebetstagebuch – April

Mein Lob – mein Dank – meine Gebetsgedanken

Die Bibel muss vom Lesebuch zum Lebensbuch werden.**

Peter Hahne

Apr.

22. Apr

23. Apr

24. Apr

Gottes Verheißungen – meine Erkenntnisse

AT *Rut 3, 4* 22. Apr *Ps 45* NT/Ps

AT *1 Sam 1 – 3* 23. Apr *Mk 9* NT/Ps

AT *1 Sam 4 – 6* 24. Apr *Mk 10* NT/Ps

Gebetstagebuch – April

Mein Lob – mein Dank – meine Gebetsgedanken

Jede Sorge, die zu gering ist, um deswegen zu beten, ist auch zu gering, um sich deswegen belastet zu fühlen.*

Corrie ten Boom

Apr.

25. Apr

26. Apr

27. Apr

Gottes Verheißungen – meine Erkenntnisse

AT *1 Sam 7 – 9* 25. Apr *Mk 11* NT/Ps

AT *1 Sam 10, 11* 26. Apr *Ps 46, 47* NT/Ps

AT *1 Sam 12, 13* 27. Apr *Mk 12* NT/Ps

Mein Lob – mein Dank – meine Gebetsgedanken

Man kann die
Bibel lesen, ohne
sie zu verstehen;
aber man kann sie
nicht verstehen,
ohne sie zu lesen.*

(Unbekannt)

Apr.

28. Apr

29. Apr

30. Apr

Gottes Verheißungen – meine Erkenntnisse

AT *1 Sam 14, 15*	28. Apr	*Mk 13* NT/Ps

AT *1 Sam 16, 17*	29. Apr	*Ps 48* NT/Ps

AT *1 Sam 18, 19*	30. Apr	*Mk 14* NT/Ps

Das Gebets–A-B-C

Bevor du das Gebets–A-B-C betrachtest, lies das Kapitel „Beten, wie es Gott gefällt“. Nur wenn du betest, wie es Gott gefällt, kannst du das Gebets–A-B-C richtig anwenden.

Apr.

Mit der Bibel nach Gottes Willen zu beten, bedeutet auch, sich auf die Verheißungen seines Wortes zu berufen. Du kannst jede Verheißung in der Bibel glaubend für dich in Anspruch nehmen und die verheißene Gabe aus seiner Hand empfangen (1 Kor 1,20). Ein bewährter Weg, Gottes Verheißungen siegreich in Anspruch zu nehmen, ist das sogenannte „Gebets–A-B-C“.[1] Es ist gewissermaßen das 1x1 des biblischen Verheißungsgebets. Jeder Buchstabe steht für einen wichtigen Gedanken.

A = Alles Bitten

Wir können Gott tatsächlich um alles bitten. Keine Bitte ist zu klein oder zu unwichtig für ihn. Keine Bitte ist so groß, dass Gott sie nicht bewältigen könnte. Er ist allmächtig – und das ermöglicht ihm SEHR viel! Jesus Christus sagt: *„Alles, was ihr bittet in eurem Gebet, glaubt nur, dass ihr's empfangt, so wird's euch zuteilwerden“* (Mk. 11:24). Dabei gilt es bestimmte Voraussetzungen zu beachten:

Jesus verspricht in Johannes 15,7: *„Wenn ihr in mir bleibt und meine Worte in euch bleiben, so bittet, um was ihr wollt, und es wird euch zuteil werden“* (Zürcher Bibel). Wenn ich Gott nur bitte, weil ich etwas haben will, ohne vorher Gemeinschaft mit ihm zu pflegen, missbrauche ich ihn als meinen göttlichen Wunschgehilfen. Ich bete und bitte nicht, wie es Gott gefällt, sondern wie es mir gefällt. Deshalb gilt das biblische Wort:

[1]Eine ausführliche Darstellung des Gebets–A-B-C, findet sich bei Glenn Coon, *The ABC's of Bible Prayer* (Review and Herald, 1972). Online verfügbar via Google Books.

Das Gebets–A-B-C

„Und wissen wir, dass Gott uns erhört, wenn wir seinem Willen gemäß um etwas bitten, dann wissen wir auch, dass wir schon im Besitz des Erbetenen sind, um das wir ihn gebeten haben."
(1 Jo 5,15 Pattloch-Bibel)

„Wenn ich Unrechtes vorgehabt hätte in meinem Herzen, so hätte der Herr nicht gehört"
(Ps 66,18)

Wenn ich nicht bereit bin, meinen Willen Gott zu unterstellen, weil ich im Mittelpunkt meines Lebens stehe und nicht ER, wird Gott mein Gebet nicht erhören (vgl. Jes 59,1-2). Eine wichtige Voraussetzung für die Erhörung meiner Bitten ist, dass ich ganz JA zu Gottes Willen sage und ganz NEIN zu jeder Sünde. Wenn meine Bitte so dem Willen Gottes entspricht und aus der Gemeinschaft mit ihm entspringt, darf ich um alles bitten, was Gott verheißen hat. Und was ich dann von ihm empfange, soll zu Gottes Ehre eingesetzt werden.

Apr.

B = Bewusst Glauben

Um im Sinne Gottes zu beten, muss ich bewusst glauben. Glauben hat in der Bibel mit Vertrauen zu tun. Vertrauen kann ich jemandem nur, wenn ich ihn kenne und weiß, dass er vertrauenswürdig ist. Wenn ich zweifle, dass Gott zu seinem Versprechen steht, werde ich wankelmütig und brauche nicht zu erwarten, dass ich etwas von Gott empfange (Jak 1,6-8). Glauben heißt, Gott beim Wort zu nehmen. Glauben heißt, sich auf Gott und seine Zusage zu verlassen, auch wenn meine Gefühle eine ganz andere Sprache sprechen. Denn der Glaube ist *„ein Nichtzweifeln an dem, was man nicht sieht"* (Hbr 11,1). *„Ohne Glauben ist es unmöglich Gott zu gefallen"* (Hbr 11,6).

C = Christus im Voraus danken

Aller Glaube nützt nichts, wenn ich das, worum ich Gott bitte, nicht auch in Empfang nehme. Ich empfange die verheißene Gabe Gottes, indem ich Christus im Voraus dafür danke. Johannes schreibt: *„Und wissen wir, dass er uns erhört, wenn wir ihn um etwas bitten, dann wissen wir auch, dass wir schon im Besitz des Erbetenen sind, um das wir ihn gebeten haben"* (1 Jo 5,15 Pattloch Bibel). In Lukas 8,11 vergleicht Jesus das Wort Gottes mit einem Samenkorn. Genauso wie der ganze Apfelbaum in einem Apfelkern enthalten ist, so sicher ruht auch die Gabe Gottes in seinem Versprechen. Wenn wir die Verheißung annehmen, sind wir schon im Besitz der Gabe. Nehmen wir das Beispiel eines Schecks: Wann gehört mir das Geld, wenn der Scheck gedeckt und unterschrieben ist? Sofort, wenn ich ihn in Empfang nehme! Wenn ich ihn einlöse, erhalte ich das Geld, für das er ausgestellt wurde. So ist es auch mit den Verheißungen. Ich empfange die verheißene Gabe im Glauben, noch ehe ich sie fühlen und sehen kann. Gott wird die Gabe, die wir im Glauben schon besitzen, wirksam machen, wenn wir sie benötigen.

Das Beispiel der Auferweckung des Lazarus in Johannes 11 zeigt, dass auch Jesus in dieser Art gebetet hat. Das wird in den folgenden Versen deutlich:

v. 3.4.23: Jesus kannte Gottes Willen in dieser Angelegenheit genau.

v. 11: Er war bereit, Gottes Willen zu tun, er war stets gehorsam.

v. 39-41: Jesus dankte dem Vater im Voraus, als Lazarus noch tot war.

v. 43.44: Erst danach erfuhr er auch die Erfüllung seiner Bitte.

Bitten nach dem Willen Gottes

Die Verheißungen, die Gott uns in seinem Wort gegeben hat, haben eine enorme Bedeutung für unser Leben als Christen. Petrus schreibt, dass wir durch Gottes Verheißungen alles geschenkt bekommen, was wir für ein Leben als Christen brauchen, und dass wir dadurch Anteil an der göttlichen Natur bekommen (2 Pt 1,3.4). Wir können auch sagen, dass uns Gott durch die biblischen Verheißungen seine Gnade und Kraft vermittelt und uns die Gabe schenkt, von der die Verheißung spricht. In diesem Sinne sind auch Gottes Gebote Verheißungen. Gott fordert nichts von uns, was wir mit seiner Hilfe nicht auch tun können. Was immer Gott befiehlt, ist in seiner Kraft auch ausführbar. Alle seine Aufträge sind zugleich auch Befähigungen. Der Apostel Paulus sagt: *„Was Gott verheißt, das kann er auch tun."* (Rö 4,21). Schon im Alten Testament heißt es: *„Was er zusagt, hält er gewiss"* (Ps 33,4). *„Es ist unmöglich, dass Gott lügt"* (Hbr 6,18). Gott will und kann seine Versprechen erfüllen! Es lohnt sich, Verheißungen in der Bibel anzustreichen und auswendig zu lernen, um sie präsent zu haben. Wichtig ist, dass wir mit unserem Wunschdenken nicht etwas in Gottes Verheißungen hineinlesen was Gott so gar nicht versprochen hat.

Wenn wir wissen, dass unsere Bitte mit dem Willen Gottes übereinstimmt, weil wir sie mit Gottes Augen sehen, können wir sicher sein, dass er unser Gebet erhört und wir empfangen, worum wir ihn bitten.

Gebetstagebuch – Mai

Mein Lob – mein Dank – meine Gebetsgedanken

Hüte dich vor allem in deinen Gebeten, Gott Grenzen zu setzen, nicht nur durch Unglauben, sondern auch dadurch, dass du dir einbildest, du wüsstest, was er tun kann.*

Andrew Murray

1. Mai

2. Mai

3. Mai

Bibeltagebuch – Mai

Gottes Verheißungen – meine Erkenntnisse

AT *1 Sam 20 – 22* **1. Mai** *Mk 15* NT/Ps

AT *1 Sam 23, 24* **2. Mai** *Mk 16* NT/Ps

AT *1 Sam 25, 26* **3. Mai** *Ps 49* NT/Ps

Mein Lob – mein Dank – meine Gebetsgedanken

Die Aussage, bei der Bibel handele es sich um den Weltbestseller der Buchgeschichte, ist eine Untertreibung.*

(Unbekannt)

Mai

4. Mai

5. Mai

6. Mai

Gottes Verheißungen – meine Erkenntnisse

AT *1 Sam 27, 28* **4. Mai** *1 Ko 1* NT/Ps

AT *1 Sam 29 – 31* **5. Mai** *1 Ko 2* NT/Ps

AT *2 Sam 1, 2* **6. Mai** *Ps 50* NT/Ps

Mai

Mein Lob – mein Dank – meine Gebetsgedanken

Beten ist gut, es macht das Herz froh.*

F. M. Dostojewski

7. Mai

8. Mai

9. Mai

Gottes Verheißungen – meine Erkenntnisse

AT *2 Sam 3 – 5* **7. Mai** *1 Ko 3* NT/Ps

AT *2 Sam 6, 7* **8. Mai** *1 Ko 4* NT/Ps

AT *2 Sam 8 – 10* **9. Mai** *1 Ko 5* NT/Ps

Gebetstagebuch – Mai

Mein Lob – mein Dank – meine Gebetsgedanken

Wir Christen sind die einzige Bibel, die heute noch von einer breiten Bevölkerungsschicht gelesen wird, aber ich fürchte wir sind die schlechteste Übersetzung.*

Hans J. Eckstein

Mai

10. Mai

11. Mai

12. Mai

Bibeltagebuch – Mai

Gottes Verheißungen – meine Erkenntnisse

AT *2 Sam 11, 12* **10. Mai** *Ps 51* NT/Ps

AT *2 Sam 13, 14* **11. Mai** *1 Ko 6* NT/Ps

AT *2 Sam 15, 16* **12. Mai** *1 Ko 7* NT/Ps

Mai

Gebetstagebuch – Mai

Mein Lob – mein Dank – meine Gebetsgedanken

Das Gebet kann die Lage verändern oder, bei bleibender Lage, meine Schultern stärken zum Durchtragen.*

Paul Deitenbeck

13. Mai

14. Mai

15. Mai

Bibeltagebuch – Mai

Gottes Verheißungen – meine Erkenntnisse

AT *2 Sam 17, 18* **13. Mai** *Ps 52 – 54* NT/Ps

AT *2 Sam 19, 20* **14. Mai** *1 Ko 8* NT/Ps

AT *2 Sam 21, 22* **15. Mai** *1 Ko 9* NT/Ps

Mein Lob – mein Dank – meine Gebetsgedanken

Die Bibel gebietet uns, unsere Nächsten zu lieben und auch die Feinde zu lieben; wahrscheinlich deshalb, weil es in der Regel dieselben Leute sind.*

G. K. Chesterton

16. Mai

17. Mai

18. Mai

Bibeltagebuch – Mai

Gottes Verheißungen – meine Erkenntnisse

AT *2 Sam 23, 24* **16. Mai** *1 Ko 10* NT/Ps

AT *1 Kön 1, 2* **17. Mai** *Ps 55* NT/Ps

AT *1 Kön 3 – 5* **18. Mai** *1 Ko 11* NT/Ps

Mein Lob – mein Dank – meine Gebetsgedanken

Achte ich beim Beten mehr auf den Berg, der versetzt werden soll, oder auf Gott, der ihn wegnehmen kann? *

Oswald Chambers

19. Mai

20. Mai

21. Mai

Gottes Verheißungen – meine Erkenntnisse

AT *1 Kön 6, 7* **19. Mai** *1 Ko 12* NT/Ps

AT *1 Kön 8, 9* **20. Mai** *Ps 56, 57* NT/Ps

AT *1 Kön 10, 11* **21. Mai** *1 Ko 13* NT/Ps

Gebetstagebuch – Mai

Mein Lob – mein Dank – meine Gebetsgedanken

Die meisten Menschen kennen von der Bibel nur die Pappdeckel, und die sind wirklich das dunkelste an diesem Buch! *

Wolfgang Dyck

Mai

22. Mai

23. Mai

24. Mai

Gottes Verheißungen – meine Erkenntnisse

AT *1 Kön 12, 13* **22. Mai** *1 Ko 14* NT/Ps

AT *1 Kön 14, 15* **23. Mai** *1 Ko 15* NT/Ps

AT *1 Kön 16, 17* **24. Mai** *Ps 58, 59* NT/Ps

Gebetstagebuch – Mai

Mein Lob – mein Dank – meine Gebetsgedanken

Die echte Beziehung im Gebet entsteht nicht, wenn Gott hört, wofür gebetet wird, sondern wenn die betende Person so lange weiterbetet, bis sie hört, was Gott sie bittet.*

Søren Kierkegaard

Mai

25. Mai

26. Mai

27. Mai

Bibeltagebuch – Mai

Gottes Verheißungen – meine Erkenntnisse

AT *1 Kön 18, 19* **25. Mai** *1 Ko 16* NT/Ps

AT *1 Kön 20, 21* **26. Mai** *2 Ko 1* NT/Ps

AT *1 Kön 22* **27. Mai** *Ps 60, 61* NT/Ps

Mein Lob – mein Dank – meine Gebetsgedanken

Wenn ein Christ die Gemeinschaft mit anderen Christen scheut, lächelt der Teufel. Wenn der Christ aufhört, in der Bibel zu lesen, lacht der Teufel. Wenn er aufhört zu beten, jauchzt der Teufel vor Freude.*

Corrie ten Boom

28. Mai

29. Mai

30. Mai

31. Mai

Bibeltagebuch – Mai

Gottes Verheißungen – meine Erkenntnisse

AT *2 Kön 1 – 3* **28. Mai** *2 Ko 2* NT/Ps

AT *2 Kön 4, 5* **29. Mai** *2 Ko 3* NT/Ps

AT *2 Kön 6, 7* **30. Mai** *2 Ko 4* NT/Ps

AT *2 Kön 8, 9* **31. Mai** *Ps 62, 63* NT/Ps

32 Gründe, für andere zu beten

Gebete für andere Menschen

Hier findest du 32 Anregungen, um konkret für andere Menschen zu beten. Der Gedanke dabei ist, einen ganzen Monat lang, 31 Tage nacheinander (plus einen), gezielt für bestimmte Dinge zu beten, von denen du dir wünschst, dass sie im Leben dieser Personen sichtbar werden. Entstanden ist diese Anregung aus meinen Gebeten für meine eigenen Kinder. Wie jedes gläubige Elternteil immer wieder für seine Kinder betet, so habe auch ich jahrelang meine Kinder in meine Gebete eingeschlossen. Mein Wunsch war es, dass sie glücklich sind, dass Gott ihnen hilft, gute Entscheidungen zu treffen, dass sie erfolgreich sind, dass sie in schwierigen Situationen Hilfe finden, dass sie unter Gottes besonderem Schutz und seiner Führung leben. Häufig waren es aber die gleichen abgenutzten Worte, die in meinen Gebeten widerhallten. Meine Gebete waren oft nicht mehr als ein gedankenloses Abspulen der gleichen Anliegen und Redewendungen.

In einer Zeit, in der ich durch den Tod meiner Frau mit besonderen Herausforderungen konfrontiert war, bin ich auf eine Gebetsanregung gestoßen,[1] die den Gebeten für meine Kinder eine neue Ausrichtung gab. Der Gedanke ist, einen Monat lang, jeden Tag für einen konkreten Charakterzug oder ein geistliches Anliegen zu beten, von dem ich mir wünsche, dass es mein Kind auszeichnet. So zu beten, war eine Bereicherung für mein eigenes Gebetsleben und hat die Beziehung zu meinen Kindern intensiviert.

Schon bald wurde mir bewusst, dass diese Art zu beten nicht nur für meine eigenen Kinder segensreich ist. Auch meine Cousinen und Cousins, Neffen und Nichten, Enkel, Patenkinder, Schüler und Studenten oder die Kinder und Jugendlichen aus meiner Gemeinde und meinem Bekanntenkreis können davon profitieren. Diese Art zu beten, lohnt sich für jeden Menschen! Für mich war es bereichernd, die entsprechenden Bibeltexte zu lesen, um mit den Worten

[1]Bob Hostetler, „31 Biblical Virtues to Pray for Your Children“ in *The Pray! Prayer Journal: Daily Steps Toward Praying Gods Heart*, hrsg. von Dean Ridings, 99–100 (Colorado Springs: NavPress Publishing Group, 2003).

der Bibel für den konkreten Namen eines Menschen zu beten. Namentlich für eine andere Person zu beten, hat eine lebensverändernde Qualität. Eigentlich drückt die nachfolgende Liste nicht nur Gebetsanliegen für andere Menschen aus, sondern ruft auch mich selbst in die Nachfolge! Wenn ich so lebe, wie ich bete, werden meine Kinder und andere Menschen meine Gebete als echt und authentisch wahrnehmen und der Heilige Geist kann noch viel effektiver wirken.

Die Anregungen beziehen sich auf konkrete biblische Aussagen, die in den jeweiligen Bibeltexten zur Sprache kommen. Es empfiehlt sich, diese Bibelstellen vor dem Beten zu lesen. Die folgende Liste lehnt sich an die Vorlage von Bob Hostetler an, wurde aber von mir an vielen Stellen überarbeitet, anders zusammengestellt und neu formuliert. Um für eine Person konkret beten zu können, kannst du den jeweiligen Namen in die freigelassene Stelle einfügen.

1. Liebe. „Herr, lass _____ ein Leben führen, dass von deiner Liebe geprägt ist, so dass alle Bereiche seines/ihres Lebens durch deinen Heiligen Geist bestimmt sind, der in ihm/ihr wohnt“(Eph 5,2; Gal 5,25).

2. Sehnsucht nach Gott. „Wie ein Hirsch nach frischem Wasser dürstet, so lass, o Herr, _____ sich nach dir, dem lebendigen Gott, sehnen. Stille du seine/ihre Sehnsucht und schenke ihm/ihr deinen Frieden, der höher ist als alles menschliche Verstehen“ (Ps 42,2-3; Phil 4,7).

3. Liebe für Gottes Wort. „Gott des Wortes, der du durch dein Wort die Welt erschaffen und uns die Bibel geschenkt hast, wecke in _____ eine Liebe für dein Wort, dass es für ihn/sie lebendig wird und wertvoller als das feinste Gold“ (Ps 119,96-98; Ps, 19,11).

4. Aufrichtigkeit und Wahrhaftigkeit. Treuer Gott, möge Aufrichtigkeit und Wahrhaftigkeit in dem Leben von _____ sichtbar werden, weil du wahrhaftig bist und es dem Aufrichtigen gelingen lässt (1 Chr 29,17; Spr 2,7).

5. Wachstum in der Gnade und Erkenntnis. Gnädiger Vater im Himmel, ich bitte dich, dass _____ in der Gnade und Erkenntnis unseres Herrn und Retters Jesus Christus wächst (2 Pet 3,18).

6. Selbstbeherrschung. Guter Gott, schenke _____ die Fähigkeit zur Selbstbeherrschung und Zurückhaltung, dass er/sie durch vorschnelle und unbedachte Reaktionen keinen Schaden nimmt (Spr 25,28; Jak 3,5).

7. Besonnenheit. Vater, lass _____ wachsam und besonnen sein in allem, was er/sie tut (2 Tim 1,7).

8. Gerechtigkeit. Gerechter Gott, hilf _____ deine Gerechtigkeit zu lieben, genauso wie du gerecht bist in allem was du tust. Schenke _____ Weisheit und Geschick, im Umgang mit anderen Menschen gerecht zu sein. (Ps 11,7; Mi 6,8).

32 Gründe, für andere zu beten

9. Barmherzigkeit. Gnädiger Vater, lass _____ zu einem barmherzigen Menschen werden, genauso wie du barmherzig bist (Lk 6,36).

10. Achtung und Respekt. Vater im Himmel, schenke _____ eine angemessene Achtung und Respekt für alle Menschen, denen er/sie begegnet, denn du hast uns alle erschaffen (1 Ptr 2,17; Rö 12,10; Rö 13,7).

11. Biblischer Selbstwert. Schöpfergott, hilf, dass _____ seinen/ihren Wert und seinen/ihre Würde aus der Tatsache ableitet, dass du sein/ihr Schöpfer bist und ihn/sie in Jesus Christus neu geschaffen hast, fähig zu guten Taten (Eph 2,10).

12. Treue. Treuer Gott, lass deine Gnade und Treue tief in das Herz von _____ geschrieben sein, so dass sie ihm/ihr nicht verloren geht und er/sie selbst zu einem treuen Menschen wird (Spr 3,3).

13. Mut. Starker Gott, lass _____ immer stark und mutig sein in dem, was er/sie für dich und im Glauben tut (5 Mo 31,6; Jos 1,9).

14. Reinheit. Gott, schaffe in _____ ein reines Herz und schenke ihm/ihr einen neuen, aufrichtigen Geist und lass die reinen Herzensabsichten in seinen/ihren Taten sichtbar werden (Ps 51,12; Gal 2,20).

15. Freundlichkeit. Du menschenfreundlicher Heiland und Vater im Himmel, erfülle _____ mit Freundlichkeit, so dass er/sie im Umgang mit anderen Menschen dir ähnlich ist (Gal 5,22; Kol 3,12; Tit 3,4).

16. Fröhlichkeit. Du Gott der Freude und des Jubels, erfülle _____ mit Fröhlichkeit, dass er/sie den Glauben fröhlich auslebt (Ps 40,17; Ps 119,45; Pred 3,12).

17. Hilfsbereitschaft. Gott unser Helfer in der Not, schenke _____ die Bereitschaft, gerne zu helfen und Gutes zu tun, mit den Mitteln, die du ihm/ihr geschenkt hast (1 Tim 6,18).

18. Großzügigkeit. Unser Vater im Himmel, du bist ein großzügiger Gott, der gerne und überreichlich gibt und uns mit mehr versorgt als wir brauchen. Schenke _____ die Freude, gerne zu geben und lass ihn/sie nicht geizig sein. Denn du hast einen fröhlichen Geber lieb (2 Kor 9,7-8).

19. Friedliebend. Friedefürst, schenke _____ die Weisheit und das Geschick, sich für Frieden einzusetzen. Lass ihn/sie alles tun, was Frieden fördert. Erfülle du ihn/sie mit deinem Shalom/Frieden, der höher ist als alles menschliche Verstehen (Mt 5,9; Phil 4,7; Rö 14,17).

20. Freude. Vater im Himmel, schenke _____ Freude im Glauben und erfülle ihn/sie mit deiner Freude (Ps 34,6; Rö 15,13; 1 Jo 1,4).

21. Ausdauer. Du Gott Abrahams und Isaaks und Jakobs, schenke _____ Ausdauer in dem, was er/sie (auch für dich) tut. Lass ihn/sie nicht müde werden auf seinem/ihrem Weg. Und schenke ihm/ihr klare Ziele. Denn nur wer ein lohnenswertes Ziel vor Augen hat, entwickelt auch die Ausdauer es zu erreichen (Hbr 12,1; Gal 6,9).

22. Glaube. Ich bitte dich, Vater im Himmel, dass Glaube im Herzen von _____ Wurzeln schlägt und das Vertrauen in dich und dein Wort wächst, so dass er/sie erlangt, was du dem Glaubenden versprochen hast (Lk 8,5-8.11-15; Hbr 11,1).

23. Demut. Herr Jesus Christus, kultiviere du in _____ wahre Demut und bewahre ihn/sie vor falschem Stolz. Lass ihn/sie in Demut den anderen achten und in Liebe den anderen ertragen (Phil 2,3; Eph 4,2; 1 Ptr 5,5).

24. Mitgefühl. Jesus Christus, du bist jemand der mitfühlt. Schenke _____ die Fähigkeit, mit anderen Menschen mitfühlen zu können und echte Anteilnahme zu zeigen in dieser oft anteilsarmen Welt (Hbr 5,2).

25. Verantwortungsbewusstsein. Herr, hilf _____ zu lernen, Verantwortung für sein/ihr eigenes Handeln und Entscheiden zu übernehmen. Lass ihn/sie zu einem verantwortungsbewussten Menschen heranreifen, der sich letztlich auch dir gegenüber verantwortlich weiß (Rö 14,12; 1 Ptr 4,5).

26. Zufriedenheit. Vater, lehre _____ das Glück der Zufriedenheit in den Dingen die du ihm/ihr gegeben hast und die er/sie besitzt. Mögest du ihm/ihr wichtiger sein als jeglicher Besitz auf Erden (Ps 73,25; 2 Kor 12,9).

27. Geduld. Geduldiger Gott, lass _____ dir ähnlicher werden in seiner/ihrer Geduld im Umgang mit anderen Menschen. Lass ihn/sie in Geduld dein Diener sein. Denn deine geduldige Güte eröffnet die Bereitschaft zur Veränderung (Rö 2,4; 2 Kor 6,4; 2 Thess 3,5; Jak 1,3-4).

28. Dienstbereitschaft. Gott, bitte hilf _____, bereitwillig dienen zu wollen und seine/ihre Arbeit dabei mit Eifer und Freude sorgfältig so zu verrichten, als ob er/sie dir dient, nicht um irgendeinem Menschen zu gefallen (Eph 6,7; Kol 3,23).

29. Hoffnung. Du Gott der Hoffnung, erfülle den Glauben von _____ mit Freude und Frieden, so dass die biblische Hoffnung in seinem/ihrem Leben immer größer wird durch die Kraft des Heiligen Geistes (Rö 15,13; Ps 28,7).

30. Dankbarkeit. Gütiger Gott, hilf _____, Dankbarkeit zu lernen, so dass sein/ihr Denken von Dankbarkeit erfüllt ist für alles, was du getan hast (Kol 2,7; 1 Thess 5,18).

31. Ein Herz für die Mission. Herr der Nationen und König aller Könige, lass _____ ein Verlangen verspüren, seinen/ihren Glauben auch andern zu bezeugen und ihn fröhlich in die ganze Welt zu tragen (Mt 9,37-38; Ps 96,3).

32. Lebensübergabe an Jesus Christus. Du Gott des Lebens, du schenkst uns durch den Glauben an Jesus Christus ewiges Leben. Bewege durch deinen Heiligen Geist das Denken und Wollen von _____, so dass er/sie erkennt, dass er/sie dich braucht und nur mit dir Leben in Fülle hat (Jo 14,6; Jo 6,68-69; Rö 3,23-24; Phil 2,13)

Gebetstagebuch – Juni

Mein Lob – mein Dank – meine Gebetsgedanken

Wir können zu allen Zeiten beten – ich weiß, wir können es, aber ich fürchte, dass diejenigen, die nicht zu bestimmten Zeiten beten, überhaupt selten beten.*

C. H. Spurgeon

Jun.

1. Jun

2. Jun

3. Jun

Gottes Verheißungen – meine Erkenntnisse

AT *2 Kön 10 – 12* 1. Jun *2 Ko 5* NT/Ps

AT *2 Kön 13, 14* 2. Jun *2 Ko 6* NT/Ps

AT *2 Kön 15, 16* 3. Jun *Ps 64, 65* NT/Ps

Gebetstagebuch – Juni

Mein Lob – mein Dank – meine Gebetsgedanken

Das Gebet ist der Schlüssel zur Bibel. Nur er passt.*

Hans Bruns

4. Jun

5. Jun

6. Jun

Gottes Verheißungen – meine Erkenntnisse

AT *2 Kön 17, 18* 4. Jun *2 Ko 7* NT/Ps

AT *2 Kön 19, 20* 5. Jun *2 Ko 8* NT/Ps

AT *2 Kön 21, 22* 6. Jun *2 Ko 9* NT/Ps

Gebetstagebuch – Juni

Mein Lob – mein Dank – meine Gebetsgedanken

Zur Verbundenheit mit Gott gehören bestimmte Zeiten und Orte. Es ist kein Zufall, dass Menschen zu allen Zeiten früh aufgestanden sind um, zu beten.*

Oswald Chambers

7. Jun

8. Jun

9. Jun

Jun.

Bibeltagebuch – Juni

Gottes Verheißungen – meine Erkenntnisse

AT *2 Kön 23 – 25* **7. Jun** *Ps 66, 67* NT/Ps

AT *1 Chr 1 – 3* **8. Jun** *2 Ko 10* NT/Ps

AT *1 Chr 4 – 6* **9. Jun** *2 Ko 11* NT/Ps

Jun.

Mein Lob – mein Dank – meine Gebetsgedanken

Verlust der Bibel bedeutet nicht nur Bildungsverlust und Sprachverlust, sondern Lebensverlust.*

Gerhard Ebeling

10. Jun

11. Jun

12. Jun

Gottes Verheißungen – meine Erkenntnisse

AT *1 Chr 7 – 10* **10. Jun** *Ps 68* NT/Ps

AT *1 Chr 11 –14* **11. Jun** *2 Ko 12* NT/Ps

AT *1 Chr 15, 16* **12. Jun** *2 Ko 13* NT/Ps

Mein Lob – mein Dank – meine Gebetsgedanken

Man soll nicht beten wie jemand, der aus einem Sendschreiben vorliest.*

Talmud

13. Jun

14. Jun

15. Jun

Bibeltagebuch – Juni

Gottes Verheißungen – meine Erkenntnisse

AT *1 Chr 17, 18* 13. Jun *Gal 1* NT/Ps

AT *1 Chr 19 –21* 14. Jun *Ps 69* NT/Ps

AT *1 Chr 22, 23* 15. Jun *Gal 2* NT/Ps

Jun.

Gebetstagebuch – Juni

Mein Lob – mein Dank – meine Gebetsgedanken

Um erwachsene Christen zu werden, müsst ihr euch mit der Schrift vertraut machen.**

J. Chrysostomus

16. Jun

Jun.

17. Jun

18. Jun

Gottes Verheißungen – meine Erkenntnisse

AT *1 Chr 24 – 27* **16. Jun** *Gal 3* NT/Ps

AT *1 Chr 28, 29* **17. Jun** *Ps 70, 71* NT/Ps

AT *2 Chr 1, 2* **18. Jun** *Gal 4* NT/Ps

Mein Lob – mein Dank – meine Gebetsgedanken

Unsere Gebete seien kurz und treffend! Wenn jemand lange, ermüdende Bitten darzubringen hat, soll er sie zu Hause im stillen Kämmerlein vorbringen. Öffnet dem Geist Gottes eure Herzen, und er wird alle trockene Förmlichkeit auslöschen. [V]

Ellen G. White

19. Jun

20. Jun

21. Jun

Gottes Verheißungen – meine Erkenntnisse

AT *2 Chr 3 – 5* **19. Jun** *Gal 5* NT/Ps

AT *2 Chr 6, 7* **20. Jun** *Gal 6* NT/Ps

AT *2 Chr 8, 9* **21. Jun** *Ps 72* NT/Ps

Mein Lob – mein Dank – meine Gebetsgedanken

Die Bibel gleicht einem Acker, der nie abgeerntet werden kann und deshalb nie öde und leer daliegt. Sie gleicht einer Quelle die beständig fließt und um so reichlicher strömt, je mehr man daraus schöpft.**

Ephräm der Syrer

22. Jun

23. Jun

24. Jun

Bibeltagebuch – Juni

Gottes Verheißungen – meine Erkenntnisse

AT *2 Chr 10 – 12* **22. Jun** *Eph 1* NT/Ps

AT *2 Chr 13 – 15* **23. Jun** *Eph 2* NT/Ps

AT *2 Chr 16, 17* **24. Jun** *Ps 73* NT/Ps

Jun.

Gebetstagebuch – Juni

Mein Lob – mein Dank – meine Gebetsgedanken

Wer Gott anruft, der braucht kein Handy.**

Pater Madison
alias Klaus Klages

25. Jun

26. Jun

27. Jun

Jun.

Bibeltagebuch – Juni

Gottes Verheißungen – meine Erkenntnisse

AT *2 Chr 18 – 20* **25. Jun** *Eph 3* NT/Ps

AT *2 Chr 21 – 23* **26. Jun** *Eph 4* NT/Ps

AT *2 Chr 24, 25* **27. Jun** *Eph 5* NT/Ps

Mein Lob – mein Dank – meine Gebetsgedanken

Christus ist Gottes Kraft und Gottes Weisheit, und wer die Heilige Schrift nicht kennt, der kennt weder Gottes Kraft noch seine Weisheit: die Schrift nicht kennen heißt Christus nicht kennen.**

Hieronymus

28. Jun

29. Jun

30. Jun

Gottes Verheißungen – meine Erkenntnisse

AT *2 Chr 26 – 28* **28. Jun** *Ps 74* NT/Ps

AT *2 Chr 29, 30* **29. Jun** *Eph 6* NT/Ps

AT *2 Chr 31, 32* **30. Jun** *Lk 1, 1 – 38* NT/Ps

Beten und Fasten

In der Bibel wird im Zusammenhang mit dem Beten oft auch das Fasten erwähnt. Jesus hat gefastet, bevor er seinen öffentlichen Dienst antrat (Mt 4,2; Lk 4,2). Die Apostel haben gebetet und gefastet, um Klarheit darüber zu erlangen, ob Paulus und Barnabas als Missionare ausgesandt werden sollen (Apg 13,2-3). Auch im Alten Testament war das Fasten eine wichtige Gepflogenheit bei gläubigen Männern und Frauen (vgl. 1 Kön 21,9, 12; 2 Chr 20,3; Esr 8,21; Est 4,3, 16; Jes 58,5-6; Jer 36,9; Da 9,3; Joel 2,12; Jon 3,5; etc.).

Im Unterschied zum Wellness-Fasten geht es beim biblischen Fasten nicht um das Einhalten einer speziellen Diät, die helfen soll, abzunehmen und das Wohlbefinden zu steigern. Es geht stattdessen darum, Zeiträume der Konzentration für das Gebet und die Gemeinschaft mit Gott zu gewinnen.[1] Fasten ist der bewusste zeitweilige Verzicht auf Speise und ablenkende Dinge zugunsten meines geistlichen Lebens. Indem man auf Gewohntes eine Weile verzichtet, erfährt man eine neue geistliche Freiheit. Durch Fasten und Beten wird die Blickrichtung meines täglichen Lebens verändert: weg von der Befriedigung eigener Bedürfnisse, weg von eigenen Taten, hin zum gehorsamen Hören auf Gott. Es geht beim biblischen Fasten nicht in erster Linie um mich oder um andere Menschen, sondern um meine Beziehung zu Gott! (siehe die Gedanken in dem Kapitel „Beten, wie es Gott gefällt")

Das deutsche Wort „Fasten" ist in allen germanischen Sprachen bekannt und stammt aus dem gotischen „fastan".[2] Es ist mit dem Wort *fest* verwandt und bedeutete ursprünglich „etwas fest machen". In der gotischen Sprache hatte es eine doppelte Bedeutung: a) (fest) halten, bewahren, beobachten und b) fasten im eigentlichen Sinn.[3]

Jun.

[1]Ich folge in meinen Ausführungen wertvollen Gedanken aus dem Artikel von Andreas Kusch, *Beten und Fasten: Eine biblische Orientierung und Anleitung* in der Zeitschrift *Brennpunkt Seelsorge* zum Thema *Entlastet: Fasten – die Kraft aus dem Verzicht* (*Brennpunkt Seelsorge*, 1/2010: 4-13). In dieser Ausgabe finden sich auch weitere wertvolle Anregungen zum Thema Beten und Fasten.

[2+3]Friso Melzer, *Das Wort in den Wörtern. Die deutsche Sprache im Dienste der Christus Nachfolge: ein theo-philologisches Wörterbuch* (Tübingen: J.C.B. Mohr (Paul Siebeck), 1965), 124.

Beten und Fasten

Das griechisch-neutestamentliche Wort für „Fasten" ist *nesteuein*, was so viel wie „nüchtern sein" bedeutet. Wenn ich eine gewisse Zeit freiwillig und bewusst auf eingefleischte Gewohnheiten verzichte, die Bande löse, die mich an die materielle Welt und an meine Umgebung binden, kann ich beobachten, dass ich wacher und aufmerksamer werde. Das geistliche Leben wird intensiver. Die Fixierung auf das, was ich esse, sehe, höre, anfasse und mache wird unterbrochen. Mein Blick wird von den Routineabläufen der kleinen Menschenwelt auf Gottes ewige Welt gerichtet. Im Verzicht auf das Essen drücke ich aus, dass ich als Mensch nicht vom Brot alleine lebe, sondern von jedem Wort, dass Gott spricht (Mt 4,4). Als Fastender denke ich klarer und gesammelter. Dabei geschieht das echte Fasten im Blick auf Gott und nicht mit einem Seitenblick auf andere Menschen (Mt 6,16-18).[4]

Fasten wie es Gott gefällt

Ein Fasten, wie es Gott gefällt, intensiviert das Gebet und meine Tatkraft für den Nächsten. Ich bin in der Lage, Gottes Wort ungestörter zu hören und gewinne eine neue Bereitschaft es in die Tat umzusetzen. Der Glaube und mein Vertrauen in Gottes liebevolle Führung wachsen. Meine Sensibilität für Anliegen und Nöte meiner Mitmenschen nimmt zu. Die bessere Wahrnehmung geistlicher Anliegen führt nicht selten auch zu einer tieferen Selbsterkenntnis. Wenn ich faste, werde ich scharfsichtiger für mich selbst und meine eigene (geistliche) Situation. Das hilft mir, Gottes Willen klarer zu erkennen und Gutes von Bösem besser zu unterscheiden (vgl. Hbr 5,14). Durch mein gehorsames Beten und Fasten gebe ich dem Heiligen Geist Raum, mich zu verändern, und intensiver an mir zu wirken.

[4]Ralf Luther, *Neutestamentliches Wörterbuch. Eine Einführung in Sprache und Sinn der urchristlichen Schriften* (Gütersloh: Gütersloher Verlagshaus Mohn, 1989), 48–49.

Damit ist das biblische Fasten ein Ausdruck der Demut vor Gott, in der ich zeige, dass ich auf ihn angewiesen bin und seine Nähe bewusst suche. Es wird so zu einer wirksamen Macht gegen Satan und zu einem starken geistlichen Werkzeug, durch das Gott viel bewegen kann. Hier sind zwei Beispiele aus der Bibel:

In bestimmten Notsituationen des Volkes Gottes, z.B. in einer Hungersnot, spricht Gott: *„Wendet euch mir zu von ganzem Herzen, fastet, weint und klagt!"* (Joel 2,12). Durch das Fasten wird die Hoffnung auf Gottes Eingreifen zum Ausdruck gebracht.

Als das Volk Gottes Schutz und Rettung brauchte, fastete und betete es. So rettete die junge Esther durch ihr mutiges Eintreten beim Perserkönig Artaxerxes die Juden vor der geplanten Vernichtung. Auf die entscheidende Begegnung mit dem König bereitete sie sich zusammen mit dem ganzen Volk durch dreitägiges Fasten vor (Est 4,16).

Fasten verändert nicht Gott, es verändert mich

Im Gegensatz zum Hungern ist das Fasten der *bewusste* Verzicht auf etwas, was mir eigentlich zur Verfügung steht. Durch Fasten will ich in meinem Leben in überlegter Weise Freiräume für Gott schaffen, die sonst durch andere Dinge ausgefüllt sind. Das muss nicht nur ein Verzicht auf Essen sein. Ich kann auch für eine bewusste Zeit auf Fernsehen, Internet, Email, facebook, mein Handy, etc. verzichten, um Raum zu schaffen, mich auf Gott und sein Wort zu konzentrieren.

Wer mit dem Fasten beginnen will, sollte im Sinne von Matthäus 6,33 seine Motivation und seine Beweggründe überprüfen. Richtiges Fasten widersteht der subtilen Versuchung, dadurch Gott für sich und seine Anliegen zu vereinnahmen und ihn manipulieren zu wollen. Gott lässt sich durch mein Fasten zu nichts zwingen. Gott will sich mir vielmehr in Liebe schenken. Und darin ist er an Großzügigkeit nicht zu überbieten. Aber in seiner großzügigen Liebe und Gnade bleibt Gott souverän. ER entscheidet, wem er wann, wo, was gibt. Fasten verändert nicht Gott, es verändert mich! Es setzt mich ins rechte Verhältnis zu Gott. Fasten, wie es Gott gefällt, ist ein Versuch wert. Probiere es doch einmal aus. Es lohnt sich!

> Der Geist wahren Fastens und Betens ist der Geist, der Verstand, Herz und Willen Gott unterstellt. [VI]
>
> Ellen G. White

Gebetstagebuch – Juli

Mein Lob – mein Dank – meine Gebetsgedanken

Beten richtet auf,
weil es entlastet.*

Peter Hahne

1. Jul

2. Jul

3. Jul

Jul.

Bibeltagebuch – Juli

Gottes Verheißungen – meine Erkenntnisse

AT *2 Chr 33, 34* **1. Jul** *Ps 75, 76* NT/Ps

AT *2 Chr 35, 36* **2. Jul** *Lk 1, 39 – 80* NT/Ps

AT *Esr 1, 2* **3. Jul** *Lk 2* NT/Ps

Jul.

Mein Lob – mein Dank – meine Gebetsgedanken

Die Heilige Schrift sollte unser Wörterbuch, unsere Sprachkunst sein, worauf alle Begriffe und Reden der Christen sich gründeten, woraus sie bestanden und zusammengesetzt wurden.**

J. G. Hamann

4. Jul

5. Jul

6. Jul

Gottes Verheißungen – meine Erkenntnisse

AT *Esr 3, 4* **4. Jul** *Lk 3* NT/Ps

AT *Esr 5, 6* **5. Jul** *Ps 77* NT/Ps

AT *Esr 7, 8* **6. Jul** *Lk 4* NT/Ps

Gebetstagebuch – Juli

Mein Lob – mein Dank – meine Gebetsgedanken

Beten heißt
sich Gott an-
vertrauen.*

Dietrich Bonhoeffer

7. Jul

8. Jul

9. Jul

Gottes Verheißungen – meine Erkenntnisse

AT *Esr 9, 10* 7. Jul *Lk 5* NT/Ps

AT *Neh 1, 2* 8. Jul *Ps 78, 1 – 37* NT/Ps

AT *Neh 3, 4* 9. Jul *Lk 6* NT/Ps

Mein Lob – mein Dank – meine Gebetsgedanken

Wenn Du am Abend schlafen gehst, so nimm noch etwas aus der Heiligen Schrift mit Dir zu Bett, um es im Herzen zu erwägen und es - gleich wie ein Tier - wiederzukäuen und damit sanft einzuschlafen. Es soll aber nicht viel sein, eher ganz wenig, aber gut durchdacht und verstanden. Und wenn Du am Morgen aufstehst, sollst Du es als den Ertrag des gestrigen Tages vorfinden.**

Martin Luther

10. Jul

11. Jul

12. Jul

Gottes Verheißungen – meine Erkenntnisse

AT *Neh 5, 6* **10. Jul** *Lk 7* NT/Ps

AT *Neh 7, 8* **11. Jul** *Lk 8* NT/Ps

AT *Neh 9, 10* **12. Jul** *Ps 78, 38 – 72* NT/Ps

Gebetstagebuch – Juli

Mein Lob – mein Dank – meine Gebetsgedanken

Sage mir, zu wem du betest, wenn es dir gut geht, und ich will dir sagen, wie fromm du bist.**

Kurt Tucholsky

13. Jul

14. Jul

15. Jul

Jul.

Gottes Verheißungen – meine Erkenntnisse

AT *Neh 11, 12* 13. Jul *Lk 9* NT/Ps

AT *Neh 13* 14. Jul *Lk 10* NT/Ps

AT *Est 1 – 3* 15. Jul *Ps 79* NT/Ps

Gebetstagebuch – Juli

Mein Lob – mein Dank – meine Gebetsgedanken

So wenig du das Meer ausschöpfen kannst mit deiner Hand, so wenig die Bibel mit deinem Verstand.*

Otto von Bismarck

16. Jul

17. Jul

18. Jul

Gottes Verheißungen – meine Erkenntnisse

AT *Est 4, 5* 16. Jul *Lk 11* NT/Ps

AT *Est 6, 7* 17. Jul *Lk 12* NT/Ps

AT *Est 8 – 10* 18. Jul *Lk 13* NT/Ps

Gebetstagebuch – Juli

Mein Lob – mein Dank – meine Gebetsgedanken

Wenn du so viel Arbeit hast, dass du nicht mehr beten kannst, dann sei versichert, dass du mehr Geschäfte hast, als Gott für gut findet.*

Dwight Moody

19. Jul

20. Jul

21. Jul

Gottes Verheißungen – meine Erkenntnisse

AT *Hiob 1, 2* 19. Jul *Ps 80* NT/Ps

AT *Hiob 3, 4* 20. Jul *Lk 14* NT/Ps

AT *Hiob 5, 6* 21. Jul *Lk 15* NT/Ps

Mein Lob – mein Dank – meine Gebetsgedanken

Die Bibel ist die Landkarte des Christen. Sie lehrt uns in den Wegen des Willens Gottes gehen.*

Corrie ten Boom

22. Jul

23. Jul

24. Jul

Bibeltagebuch – Juli

Gottes Verheißungen – meine Erkenntnisse

AT *Hiob 7, 8* **22. Jul** *Ps 81, 82* NT/Ps

AT *Hiob 9, 10* **23. Jul** *Lk 16* NT/Ps

AT *Hiob 11, 12* **24. Jul** *Lk 17* NT/Ps

Mein Lob – mein Dank – meine Gebetsgedanken

Das Gebet ist ein Rauchwerk, das dem Teufel Kopfweh macht.*

(Sprichwort)

25. Jul

26. Jul

27. Jul

Gottes Verheißungen – meine Erkenntnisse

AT *Hiob 13, 14* **25. Jul** *Lk 18* NT/Ps

AT *Hiob 15 – 17* **26. Jul** *Ps 83, 84* NT/Ps

AT *Hiob 18, 19* **27. Jul** *Lk 19* NT/Ps

Gebetstagebuch – Juli

Mein Lob – mein Dank – meine Gebetsgedanken

Wenn Menschen Jesus in der Bibel nicht finden, dann ist es ihre Schuld; wenn sie ihn aber in deinem Leben nicht finden, dann ist es deine Schuld.*

F. v. Bodelschwingh

28. Jul

29. Jul

30. Jul

31. Jul

Jul.

Gottes Verheißungen – meine Erkenntnisse

AT *Hiob 20, 21*	28. Jul	*Lk 20* NT/Ps

AT *Hiob 22, 23*	29. Jul	*Ps 85* NT/Ps

AT *Hiob 24 – 26*	30. Jul	*Lk 21* NT/Ps

AT *Hiob 27, 28*	31. Jul	*Lk 22* NT/Ps

Gebet und das Warten auf Antwort

Wer kennt es nicht aus eigener Erfahrung: Man betet und wartet auf eine Antwort. Und wartet. Und betet. Und wartet – lange, sehr lange. Selbst wenn wir aufrichtige Gebete sprechen und in unseren Gebeten um das bitten, was Gott am Herzen liegt, kommt es vor, dass Gott uns warten lässt. Ausdauer im Gebet zu beweisen, ist eine Lektion, die Menschen zu allen Zeiten lernen mussten. Gott wünscht sich keine Schwächlinge, die sich schnell entmutigen lassen. Er wünscht sich aufrichtige Menschen, die voller Zutrauen Gottes Verheißungen in Anspruch nehmen. Und Menschen, die im Beten Ausdauer beweisen. Bedenke: beim Warten geht es nicht nur darum, auf etwas Besseres in der Zukunft zu warten. Biblisch betrachtet, geht es beim Warten vor allem darum, wer ich bin und wer ich werde, während ich warte. Beharrlich im Gebet zu bleiben, kann mich verändern, denn jedes Warten stellt mich vor eine geistliche Entscheidung: Gestatte ich meiner Ungeduld und meinen Zweifeln, Gottes Güte und seine Allmacht in Frage zu stellen? Oder erkenne ich im Warten eine einmalige Glaubensgelegenheit, die mir hilft, zu dem Menschen zu werden, den Gott sich wünscht? Vielleicht werde ich durch das Warten jemand, der ich sonst nie geworden wäre. So verstanden, wird das Warten zu Gottes Mittel, um mich nach seinem Willen zu verändern. Damit ist das Warten in Wahrheit ein Ausdruck der Güte Gottes. Es hilft mir, Gott ähnlicher zu werden, denn auch Gott wartet in seiner großen Geduld und Güte, weil er nicht will, dass irgendjemand verloren geht, der noch gerettet werden könnte.

Während wir darauf warten, dass Gott unsere Gebete beantwortet, kann es vorkommen, dass uns Sorgen und Unsicherheit beschleichen, besonders dann, wenn wir schon lange beten und sich die Erhörung unserer Gebete hinzieht.

Vielleicht hilft es dir, zu verstehen, dass es verschiedene Phasen gibt, die wir durchlaufen, wenn wir auf Gebetsantworten warten.

Gebet und das Warten auf Antwort

1) Intensität

Der Beginn eines Gebetsanliegens ist häufig durch eine besondere *Intensität* geprägt. Oft veranlasst mich eine Krise oder Notsituation, all meine Energie darauf zu richten, eine göttliche Lösung für diese Notsituation zu erbitten. Das ist die erste, intensive Phase.

2) Ablenkung

Eine solche intensive Anspannung kann aber nur sehr schwer über einen längeren Zeitraum aufrecht erhalten werden. Alltägliche Dinge und (lebens-) notwendige Handlungsabläufe führen unausweichlich dazu, dass mein Herz und meine Gedanken abgelenkt werden und sich notgedrungen anderen Dingen zuwenden. *Ablenkung* charakterisiert gewissermaßen die zweite Phase. Denn der Lebensalltag geht weiter.

3) Ärger und Ungeduld

In der dritten Phase kommen häufig *Ärger und Ungeduld* zum Vorschein, weil die erwünschte Antwort auf mein Anliegen sich nicht so einstellt, wie ich es mir erhoffe, oder sie sich zeitlich verzögert. Wenn Ärger aufkommt, richtet er sich leicht gegen Gott, weil ER scheinbar nicht eingreift. Oder der Ärger richtet sich auf die Ursache des Problems, das nicht weichen will und mir immer noch zu schaffen macht. Oder er richtet sich gegen mich selbst, weil ich nicht in der Lage bin, dagegen etwas zu unternehmen.

4) Anklage

Dieser Ärger mündet häufig in cinc Form dcr *Anklage*. In dieser vierten Phase des Wartens machen wir Gott manchmal Vorwürfe: Warum handelt er nicht schneller? Warum geschieht offenbar nichts? Warum unternimmt Gott nichts, um das Problem zu lösen? Manche Anklagen richten sich gegen andere Menschen, in denen ich die Ursache für das Problem sehe. Oder die Anklage wird zur Selbstanklage, weil Satan, der Verkläger der Brüder, mir einredet, Gott habe bis jetzt das Gebet nicht beantwortet, weil ich so sündig und unwürdig bin.

5) Entmutigung

Ärger und Anklage führen in einer fünften Phase oft zu Frustrationen und *Entmutigung*. Unsicherheit macht sich breit, wie und ob ich weiter beten soll. Wenn es Satan gelingt, mich zu entmutigen, hat er sein Ziel erreicht. Gott ärgert und entmutigt niemals. Gott sehnt sich danach, mir zu helfen! Diese wichtige Einsicht mündet in die nächste Phase.

6) Entschlossenheit

Lasse ich mich trotz Ärger und Frustration nicht entmutigen, dringe ich in die nächste Phase vor, in der ich *entschlossen* weiterbete. Manchmal mag es mir dabei vielleicht wie dem Mann gehen, der ausruft: *„Ich glaube, hilf meinem Unglauben“* (Mk 9,24). Manchmal ringe ich wie Jakob und rufe: *„Ich lasse dich nicht, du segnest mich denn“* (1 Mo 32,27). Der Glaube in dieser neuen Phase ist kein Gefühl, sondern eine bewusste Entschlossenheit, im Gebet nicht aufzugeben oder nachzulassen, egal wie und wann Gott es beantworten wird

(Rö 12,12). Diese Erfahrung ist nur möglich, wenn ich vertraue, dass Gott wirklich gut ist und dass er es gut mit mir meint. Es lohnt sich, auf Gott zu vertrauen und auf ihn zu warten. *„Alle eure Sorgen werfet auf ihn, denn er sorgt für euch“* (1 Ptr 5,7). Wenn sich mein Beten in dieser Weise bewährt, stellt sich die Erfahrung der nächsten Phase ein.

7) Freude und innerer Frieden

Bewährung in der Anfechtung eröffnet *Freude* in der Hoffnung (Rö 12,12; Rö 15,13; Phil 4,4). Glaubensfreude wiederum mündet in einen *Frieden* im Herzen, der höher ist als alle menschliche Vernunft. So kann ich Gott vertrauen lernen, auch wenn menschlich nicht vorstellbar ist, wie Gott etwas zustande bringen kann. Der Friede Gottes gründet sich auf der Glaubensgewissheit, dass Gottes Wort zuverlässig ist und aller Annahme wert (1 Tim 1,15; 1 Tim 4,9; 2 Tim 2,12; Hbr 2,3).

In jeder dieser Phasen steht mir Gottes Hilfe bereit! Mit seiner Hilfe ist es möglich, eine neue Erfahrung in meinem Gebetsleben zu machen! Und bedenke: Es ist *immer* zu früh, mit dem Beten aufzuhören! Und es ist *nie* zu spät, mit dem Beten zu beginnen!

Gebetstagebuch – August

Mein Lob – mein Dank – meine Gebetsgedanken

Beten heißt,
persönliche Kraft-
zulagen aus dem
Reichtum Gottes
erbitten.*

Paul Deitenbeck

1. Aug

2. Aug

3. Aug

Aug.

Bibeltagebuch – August

Gottes Verheißungen – meine Erkenntnisse

AT *Hiob 29, 30* **1. Aug** *Lk 23* NT/Ps

AT *Hiob 31, 32* **2. Aug** *Ps 86, 87* NT/Ps

AT *Hiob 33, 34* **3. Aug** *Lk 24* NT/Ps

Aug.

Gebetstagebuch – August

Mein Lob – mein Dank – meine Gebetsgedanken

In der Bibel redet Gott selbst mit uns wie ein Mensch mit seinem Freunde.*

Martin Luther

4. Aug

5. Aug

6. Aug

Aug.

Gottes Verheißungen – meine Erkenntnisse

AT *Hiob 35, 36* 4. Aug *Phil 1* NT/Ps

AT *Hiob 37, 38* 5. Aug *Ps 88* NT/Ps

AT *Hiob 39, 40* 6. Aug *Phil 2* NT/Ps

Gebetstagebuch – August

Mein Lob – mein Dank – meine Gebetsgedanken

Hätte Gott all die dummen Gebete erhört, die ich in meinem Leben an ihn gerichtet habe, wo wäre ich jetzt?*

C. S. Lewis

7. Aug

8. Aug

9. Aug

Aug.

Gottes Verheißungen – meine Erkenntnisse

AT *Hiob 41, 42* 7. Aug *Phil 3* NT/Ps

AT *Spr 1, 2* 8. Aug *Phil 4* NT/Ps

AT *Spr 3, 4* 9. Aug *Ps 89* NT/Ps

Gebetstagebuch – August

Mein Lob – mein Dank – meine Gebetsgedanken

Die große Nachricht der Bibel lautet nicht. dass Sie Gott lieben, sondern dass Gott Sie liebt, nicht, dass Sie Gott kennen lernen können, sondern dass Gott Sie schon kennt!*

Max Lucado

10. Aug

11. Aug

Aug.

12. Aug

Bibeltagebuch – August

Gottes Verheißungen – meine Erkenntnisse

AT *Spr 5, 6* **10. Aug** *Kol 1* NT/Ps

AT *Spr 7, 8* **11. Aug** *Kol 2* NT/Ps

AT *Spr 9, 10* **12. Aug** *Ps 90* NT/Ps

Aug.

Mein Lob – mein Dank – meine Gebetsgedanken

Gott beugt sich von der Höhe seiner Herrlichkeit herunter, um auf meine Gebete zu hören. Er ist wie ein behutsamer Arzt oder liebender Freund, der sich über den Kranken beugt, um jedes schwache Flüstern zu verstehen. Wenn unser Beten so schwach ist, dass wir es selbst kaum vernehmen, neigt Gott doch sein Ohr zu uns und achtet auf unser leisestes Flehen.*

C. H. Spurgeon

13. Aug

14. Aug

15. Aug

Gottes Verheißungen – meine Erkenntnisse

AT *Spr 11, 12* 13. Aug *Kol 3* NT/Ps

AT *Spr 13, 14* 14. Aug *Kol 4* NT/Ps

AT *Spr 15, 16* 15. Aug *1 Th 1* NT/Ps

Gebetstagebuch – August

Mein Lob – mein Dank – meine Gebetsgedanken

Es ist gar kein Lesewort in der Bibel, wie die Leute meinen, sondern eitel Lebewort in ihr, das nicht zu Denken und Dichten, sondern zum Tun da ist.*

Martin Luther

16. Aug

17. Aug

18. Aug

Aug.

Gottes Verheißungen – meine Erkenntnisse

AT *Spr 17, 18* **16. Aug** *Ps 91* NT/Ps

AT *Spr 19, 20* **17. Aug** *1 Th 2* NT/Ps

AT *Spr 21, 22* **18. Aug** *1 Th 3* NT/Ps

Gebetstagebuch – August

Mein Lob – mein Dank – meine Gebetsgedanken

Du kannst mehr tun als beten, nachdem du gebetet hast. Aber du kannst niemals mehr tun als beten, bevor du gebetet hast.*

Corrie ten Boom

19. Aug

20. Aug

Aug.

21. Aug

Gottes Verheißungen – meine Erkenntnisse

AT *Spr 23, 24* 19. Aug *Ps 92, 93* NT/Ps

AT *Spr 25, 26* 20. Aug *1 Th 4* NT/Ps

AT *Spr 27, 28* 21. Aug *1 Th 5* NT/Ps

Gebetstagebuch – August

Mein Lob – mein Dank – meine Gebetsgedanken

Über den Sinn aller Dinge, über den Sinn von Krankheit, von Leben und Tod, von Welt, Mensch und Geschichte kann uns die Wissenschaft nichts aussagen, das tut allein die Bibel.***

Paul Tournier

22. Aug

23. Aug

24. Aug

Aug.

Gottes Verheißungen – meine Erkenntnisse

AT *Spr 29, 30* **22. Aug** *2 Th 1* NT/Ps

AT *Spr 31* **23. Aug** *Ps 94* NT/Ps

AT *Pred 1 – 3* **24. Aug** *2 Th 2* NT/Ps

Aug.

Mein Lob – mein Dank – meine Gebetsgedanken

Das Gebet ist der himmlische Hafen, in dem wir uns vor den Stürmen des Lebens bergen.*

C. H. Spurgeon

25. Aug

26. Aug

Aug.

27. Aug

Gottes Verheißungen – meine Erkenntnisse

AT *Pred 4, 5* 25. Aug *2 Th 3* NT/Ps

AT *Pred 6, 7* 26. Aug *Ps 95, 96* NT/Ps

AT *Pred 8, 9* 27. Aug *1 Tim 1* NT/Ps

Mein Lob – mein Dank – meine Gebetsgedanken

Die Bibel ist wie eine Gebrauchsanweisung für unser Leben, die in jedem Alter, in allen Lebensfragen und Lebenslagen verwendbar ist.*

Bernhard Langer

28. Aug

29. Aug

30. Aug

31. Aug

Gottes Verheißungen – meine Erkenntnisse

AT *Pred 10 – 11* 28. Aug *1 Tim 2* NT/Ps

AT *Pred 12* 29. Aug *1 Tim 3* NT/Ps

AT *Hld 1, 2* 30. Aug *Ps 97, 98* NT/Ps

AT *Hld 3, 4* 31. Aug *1 Tim 4* NT/Ps

Aug.

Freiwerden von Bitterkeit

Wenn sich Ärger oder Zorn in mir festsetzt, wenn ich mich ungerecht behandelt fühle, wenn Dinge nicht so kommen, wie ich es mir wünsche, wenn ich übergangen werde, wenn Schuld nicht vergeben wird, entstehen Gefühle der Bitterkeit. Ich weiß, dass das nicht richtig ist, *„denn des Menschen Zorn tut nicht, was vor Gott recht ist“* (Jak 1,20, vgl. auch Tit 3,2; Phil 4,5). Und trotzdem existiert Bitterkeit in meinem Herzen und Denken. Auch wenn ich mich äußerlich gut im Griff habe, bleibt Bitterkeit auf Dauer nicht unbemerkt. Wie Wasser sucht sie sich einen Weg und hinterlässt Spuren. Schmutzige Spuren.

In Hebräer 12,15 liest man von der *„Wurzel der Bitterkeit“* Wurzeln sind auf Wachstum angelegt. Aus Wurzeln werden Sträucher oder Bäume. Sie wachsen und vermehren sich. Das Problem mit Bitterkeit ist, dass sie nicht bleibt, wie sie ist. Sie vermehrt sich. Wie ein Krebsgeschwür, das wuchert und sich ausbreitet, wächst Bitterkeit und verändert meinen Blick für die Wirklichkeit. Bitterkeit kettet mich an die Vergangenheit. Wie schlechte Luft vergiftet sie nicht nur die verbitterte Person, sondern auch alle, die mit ihr in Kontakt kommen. So wird *„Unfriede“* angerichtet und viele werden durch die Bitterkeit verunreinigt (Hbr 12,15).

Bitterkeit ist keine Lappalie

Bitterkeit ist keine Lappalie. Sie ist genauso ernst zu nehmen wie grobe sichtbare Sünden. Geschieht das nicht, richtet sie in der Seele des Einzelnen und in der Gemeinschaft mit anderen großen Schaden an.

Doch wie werde ich Herr über die Macht der Bitterkeit? Beachte den ersten Teil des Verses aus Hebräer 12,15: *„Achtet darauf, dass nicht jemand an der Gnade Gottes Mangel leide“* (Elb.) Bitterkeit beginnt immer mit einem Mangel an Gnade. Wenn es einen Mangel an Gnade gibt, dann liegt das Problem immer bei mir, nie bei Gott. Bei Gott wird Gnade nicht knapp. *„Aus seiner Fülle haben* *wir alle empfangen ... Gnade um Gnade"*, schreibt Johannes (Jo 1,16). Paulus stellt in Römer 5,20 fest: *„Wo aber die Sünde zugenommen hat, ist die Gnade überreich geworden."* Egal was passiert ist – es ist genügend Gnade bei Gott vorhanden. Sie ist überströmend (1 Tim 1,14), ja, es gibt einen *„Reichtum seiner Gnade"* (Eph 1,7; 2,7).

Unser Vater im Himmel hat alle Voraussetzungen geschaffen, dass die Macht der Sünde – und damit Bitterkeit, Ärger, Zorn, Verletzungen usw. – mein Leben nicht beherrschen muss. Paulus schreibt in 2. Korinther 9,8: *„Gott aber vermag euch jede Gnade überreichlich zu geben, damit ihr in allem allezeit alle Genüge habt und überreich seid zu jedem guten Werk."*

Die Frage ist: Lebe ich wirklich aus der Gnade, oder hat sich ein Vergeltungsdenken bei mir eingeschlichen, in dem ich andere Menschen verurteile? Nach Römer 3,14 ist Bitterkeit ein Kennzeichen des Menschen, der Gott nicht kennt. Wenn ich in Bitterkeit lebe, ist meine Beziehung zu Gott gestört und meine Beziehung zu anderen Menschen belastet. Deshalb ist Bitterkeit ein Laster und steht am Anfang des ‚Lasterkataloges' in Epheser 4,31: *„Alle Bitterkeit und Wut und Zorn und Geschrei und Lästerung sei von euch weggetan, samt aller Bosheit!"*

Der nächste Vers zeigt einen Weg auf, wie Bitterkeit überwunden werden kann: *„Seid aber zueinander gütig, mitleidig, und vergebt einander, so wie auch Gott in Christus euch vergeben hat!"* (Eph 4,32, Elberfelder) Anstelle von Bitterkeit und Vergeltung treten Güte, Mitleid und Vergebung. Christus hat dir vergeben, deshalb darfst du anderen die Vergebung nicht vorenthalten. Güte, Mitleid und Vergebungsbereitschaft sind keine menschlichen Anstrengungen oder eine Disziplin, die Gott mir abverlangt. Das wäre Gesetzlichkeit! Sie sind ein Geschenk des Heiligen Geistes. *„Die Frucht des Geistes aber ist: Liebe, Freude, Friede, Langmut, Freundlichkeit, Güte, Treue, Sanftmut, Enthaltsamkeit."* (Gal 5,22-23).

Dieses Wirken des Heiligen Geistes kann ich jedoch dämpfen (1 Thes 5,19). Epheser 4,30 macht deutlich, dass ich den Heiligen Geist, der diese Frucht in mir hervorbringen will, auch betrüben kann. Direkt anschließend folgt die Warnung vor Bitterkeit. Bitterkeit betrübt Gott. Deshalb fordert Paulus: *„Die Sonne gehe nicht unter über eurem Zorn und gebt dem Teufel keinen Raum!"* (Eph 4,26-27). Wenn ich Bitterkeit und Zorn zulasse, gebe ich dem Teufel Raum. Deshalb ist es entscheidend, so schnell wie möglich mit aller Bitterkeit zu brechen.

Der Text im Hebräerbrief wurde geschrieben, um vorzubeugen. Es soll gar nicht erst soweit kommen, dass ich verbittere. Was kann ich aber tun, wenn ich merke, dass bei mir schon bittere Wurzeln gewachsen sind? Dann gilt es, die Wurzeln so schnell wie möglich zu entfernen, bevor daraus großes Gestrüpp oder Unkraut wächst. In dem Moment, wo ein bitterer Gedanke gegen jemanden aufkommt, gehe zu Jesus. Sage ihm, was du empfindest. Sei ehrlich vor dir selbst und vor Gott. Wenn du zugibst, bittere Gefühle zu hegen, findest du bei Gott Vergebung. Bedenke: nicht jeder Zorn ist ungerechtfertigt, aber jede Verbitterung ist Sünde. Ein verbittertes Herz ist in sich selbst verkrümmt, unfähig zu Veränderung. Aber Gott schenkt Vergebungsbereitschaft. Er gibt dir das Wollen und Vollbringen (Phil 2,13). Er ist der beste Herzspezialist und kann dich von deinen bitteren Gefühlen befreien, wenn du es zulässt und ihn darum bittest: *„Schaffe in mir, Gott, ein reines Herz, und gib mir einen neuen, beständigen Geist"* (Ps 51,12). Das ist ein Gebet nach Gottes Willen, das er ganz bestimmt erhört.

Und was soll ich tun, wenn in mir schon Bäume voller Bitterkeit gewachsen sind, vielleicht schon ganze Wälder? Wenn nicht nur ein Sonnenuntergang verstrichen ist, sondern ich schon viele Monate und Jahre in Verbitterung lebe? Bitte Gott um eine Wurzelbehandlung des Problems. Gestehe ihm deine Sünde. Bitte Gott um Vergebung und um inneren Frieden. Arrangiere dich auf keinen Fall mit der Bitterkeit und bleibe nicht darin, denn damit schadest du dir selbst, anderen Menschen und Gottes Ruf.

Die folgenden Schritte und Prinzipien können dir helfen, dein Leben zu verbessern anstatt zu verbittern:

1. Gib das Problem zu.
2. Höre auf, die Bitterkeit zu hegen und zu pflegen. Du hast kein Recht darauf.
3. Höre auf, für das Geschehene Entschuldigungen zu suchen.
4. Lebe in der Vergebung, die Gott dir schenkt, und gib sie an andere weiter.
5. Gehe selbst den ersten Schritt zur Versöhnung.
6. Bitte Gott um eine Wurzelbehandlung und werde mit seiner Hilfe jeden Rest an Bitterkeit so schnell wie möglich los.
7. Setze das in die Tat um, was du dir vorgenommen hast.
8. Anerkenne, dass für Gott nichts unmöglich ist.

Gebetstagebuch – September

Mein Lob – mein Dank – meine Gebetsgedanken

Wer betet, öffnet sich Gott wie einem Freund. Nicht, dass wir ihm erzählen müssten, wie es um uns steht und was wir brauchen; das weiß er oft eher und besser als wir selbst. Beten heißt, Gott in unserem Denken, Fühlen und Wollen Platz einzuräumen und alles, was uns bewegt, mit ihm zu besprechen. Im Gebet kommt nicht Gott uns näher, sondern wir bewegen uns auf ihn zu.[VII]

Ellen G. White

1. Sep

2. Sep

3. Sep

Gottes Verheißungen – meine Erkenntnisse

AT *Hld 5, 6* **1. Sep** *1 Tim 5* NT/Ps

AT *Hld 7, 8* **2. Sep** *Ps 99 – 101* NT/Ps

AT *Jes 1, 2* **3. Sep** *1 Tim 6* NT/Ps

Gebetstagebuch – September

Mein Lob – mein Dank – meine Gebetsgedanken

Die Bibel ist ein
Brief, den mein
Gott mir hat
schreiben lassen,
wonach ich mich
ausrichten soll
und wonach mein
Gott mich richten
wird.*

Johann A. Bengel

4. Sep

5. Sep

6. Sep

Gottes Verheißungen – meine Erkenntnisse

AT *Jes 3 – 5* 4. Sep *2 Tim 1* NT/Ps

AT *Jes 6, 7* 5. Sep *2 Tim 2* NT/Ps

AT *Jes 8, 9* 6. Sep *Ps 102* NT/Ps

Sep.

Mein Lob – mein Dank – meine Gebetsgedanken

Schon der
Wunsch zu beten
ist ein Gebet.*

Georges Bernanos

7. Sep

8. Sep

9. Sep

Gottes Verheißungen – meine Erkenntnisse

AT *Jes 10 – 12* 7. Sep *2 Tim 3* NT/Ps

AT *Jes 13, 14* 8. Sep *2 Tim 4* NT/Ps

AT *Jes 15, 16* 9. Sep *Ps 103* NT/Ps

Sep.

Gebetstagebuch – September

Mein Lob – mein Dank – meine Gebetsgedanken

In der gesamten Bibel wird immer wieder deutlich, dass es nicht allein um das Hören auf Gottes Wort geht, sondern vor allem um das Tun.*

Rainer Baum

10. Sep

11. Sep

12. Sep

Sep.

Gottes Verheißungen – meine Erkenntnisse

AT *Jes 17 – 20* 10. Sep *Tit 1* NT/Ps

AT *Jes 21, 22* 11. Sep *Tit 2* NT/Ps

AT *Jes 23, 24* 12. Sep *Tit 3* NT/Ps

Gebetstagebuch – September

Mein Lob – mein Dank – meine Gebetsgedanken

Beten heißt nicht, Dinge von Gott bekommen. Das ist nur der erste Anfang; beten heißt, in Übereinstimmung mit Gott zu kommen.*

Oswald Chambers

13. Sep

14. Sep

Sep.

15. Sep

Gottes Verheißungen – meine Erkenntnisse

AT *Jes 25, 26* 13. Sep *Ps 104* NT/Ps

AT *Jes 27, 28* 14. Sep *Phlm* NT/Ps

AT *Jes 29, 30* 15. Sep *Hbr 1* NT/Ps

Mein Lob – mein Dank – meine Gebetsgedanken

Einblick in die Bibel bringt Überblick für heute, Weitblick für morgen und Ausblick in die Ewigkeit.*

Peter Hahne

16. Sep

17. Sep

18. Sep

Gottes Verheißungen – meine Erkenntnisse

AT *Jes 31, 32* 16. Sep *Ps 105* NT/Ps

AT *Jes 33, 34* 17. Sep *Hbr 2* NT/Ps

AT *Jes 35, 36* 18. Sep *Hbr 3* NT/Ps

Gebetstagebuch – September

Mein Lob – mein Dank – meine Gebetsgedanken

Wir beten, nicht, damit wir dem Vater berichten, sondern dass wir ihn verehren.*

Johann A. Bengel

19. Sep

20. Sep

21. Sep

Sep.

Gottes Verheißungen – meine Erkenntnisse

AT *Jes 37, 38* 19. Sep *Hbr 4* NT/Ps

AT *Jes 39, 40* 20. Sep *Ps 106* NT/Ps

AT *Jes 41, 42* 21. Sep *Hbr 5* NT/Ps

Mein Lob – mein Dank – meine Gebetsgedanken

Es gibt ein Buch,
das bis in die
Todesstunde mit
uns geht. Es lehrt
uns zu leben,
es lehrt uns zu
sterben. ***

Eduard Spranger

22. Sep

23. Sep

24. Sep

Gottes Verheißungen – meine Erkenntnisse

AT *Jes 43, 44* 22. Sep *Hbr 6* NT/Ps

AT *Jes 45, 46* 23. Sep *Ps 107* NT/Ps

AT *Jes 47, 48* 24. Sep *Hbr 7* NT/Ps

Mein Lob – mein Dank – meine Gebetsgedanken

Gebet ist das Atemholen des Glaubens.

Frank Hasel

25. Sep

26. Sep

27. Sep

Gottes Verheißungen – meine Erkenntnisse

AT *Jes 49, 50* 25. Sep *Hbr 8* NT/Ps

AT *Jes 51, 52* 26. Sep *Hbr 9* NT/Ps

AT *Jes 53, 54* 27. Sep *Ps 108, 109* NT/Ps

Mein Lob – mein Dank – meine Gebetsgedanken

Die Bibel ist nicht dazu da, dass wir sie kritisieren, sondern dazu, dass sie uns kritisiert.*

Søren Kierkegaard

28. Sep

29. Sep

30. Sep

Gottes Verheißungen – meine Erkenntnisse

AT *Jes 55, 56* **28. Sep** *Hbr 10* NT/Ps

AT *Jes 57, 58* **29. Sep** *Hbr 11* NT/Ps

AT *Jes 59, 60* **30. Sep** *Ps 110, 111* NT/Ps

10 Möglichkeiten der Ermutigung

In 1. Thessalonicher 5,11 schreibt der Apostel Paulus: *„Deshalb sollt ihr einander Mut machen und einer den anderen stärken, wie ihr es auch schon tut"* (NLB). Ermutigende Worte und Gesten beflügeln. Gegenseitige Ermutigung hilft, Lasten leichter zu tragen. Einander zu ermutigen ist Gottes Weg, füreinander da zu sein. Hier sind zehn konkrete Möglichkeiten, wie du einen anderen Menschen ermutigen kannst.

1. Schreibe eine ermutigende SMS, eine Karte oder – noch besser – einen richtigen Brief.

2. Berichte eine ermutigende Erfahrung, z.B. wie Gott dir in deinem Leben geholfen hat oder wie du eine schwierige Situation überwunden hast und im Vertrauen auf Gott gewachsen bist. Dein persönliches Zeugnis kann dem anderen Mut machen.

3. Sei dem andern eine Ermutigung, einfach indem du da bist, selbst wenn du nicht auf alle Fragen eine Antwort weißt und auch nicht alles verstehst.

4. Drücke aus, dass dir der andere wertvoll ist, und du dich freust, dass es ihn/sie gibt.

5. Wo es möglich ist, nimm dich einiger der Schwierigkeiten des anderen an, z.B. indem du ihm/ihr finanziell unter die Arme greifst oder indem du dich um konkrete Bedürfnisse kümmerst.

6. Freue dich mit dem anderen, wenn er/sie erfolgreich ist und teile deine Freude mit.

7. Stehe für deinen Nächsten, deinen Glaubensbruder, deine Glaubensschwester ein und unterstütze ihn/sie, wenn er/sie entmutigt ist und sich allein gelassen fühlt.

8. Bete für einen Menschen mit Namen und lass den anderen auch wissen, wofür du konkret betest.

9. Erinnere den anderen an eine wertvolle Verheißung Gottes in der Bibel.

10. Erinnere den anderen daran, wie Gott in der Vergangenheit geführt hat. Das eröffnet ermutigende Perspektiven, weil wir für die Zukunft nichts zu befürchten haben, es sei denn wir vergessen, wie Gott uns in der Vergangenheit geführt hat.

Wenn ihr Gelegenheit dazu habt, dann redet mit den Dienern des Herrn Worte, die ihnen Kraft und Begeisterung verleihen. Wir sind alle zu gleichgültig zueinander. Zu oft vergessen wir, dass unsere Mitarbeiter Kraft und Freudigkeit brauchen. Achtet darauf, sie in Zeiten besonderer Schwierigkeiten und Sorgen durch eure Anteilnahme und euer Mitgefühl aufzumuntern. Während ihr versucht, ihnen mit euren Gebeten beizustehen, lasst es sie auch persönlich wissen. Verkündet ihnen allenthalben Gottes Botschaft an seine Diener: ‚Sei getrost und unverzagt'. [VIII]

Ellen G. White

Gebetstagebuch – Oktober

Mein Lob – mein Dank – meine Gebetsgedanken

Wenn wir Gott nur anbeten, weil es uns gut geht, dann müssen wir uns fragen, ob wir Anbetung verstanden haben.*

Hans Peter Royer

1. Okt

2. Okt

3. Okt

Gottes Verheißungen – meine Erkenntnisse

AT *Jes 61, 62* **1. Okt** *Hbr 12* NT/Ps

AT *Jes 63, 64* **2. Okt** *Hbr 13* NT/Ps

AT *Jes 65, 66* **3. Okt** *Jo 1* NT/Ps

Mein Lob – mein Dank – meine Gebetsgedanken

Wir werden so lange Kritik an der Bibel üben, wie wir nicht Kritik an uns selber üben.*

Peter Hahne

4. Okt

5. Okt

6. Okt

Gottes Verheißungen – meine Erkenntnisse

AT *Jer 1, 2* 4. Okt *Ps 112, 113* NT/Ps

AT *Jer 3, 4* 5. Okt *Jo 2* NT/Ps

AT *Jer 5, 6* 6. Okt *Jo 3* NT/Ps

Mein Lob – mein Dank – meine Gebetsgedanken

Wir haben
immer die Wahl:
klagen, jammern,
Schuld zuweisen
- oder aufstehen,
glauben, beten,
handeln.*

Astrid Eichler

7. Okt

8. Okt

9. Okt

Gottes Verheißungen – meine Erkenntnisse

AT *Jer 7, 8* 7. Okt *Ps 114, 115* NT/Ps

AT *Jer 9, 10* 8. Okt *Jo 4* NT/Ps

AT *Jer 11, 12* 9. Okt *Jo 5* NT/Ps

Mein Lob – mein Dank – meine Gebetsgedanken

Wir wissen so wenig, wo wir herkommen, als wo wir hingehen, noch was wir hier eigentlich sollen und sind: und wir haben nichts in Händen, darauf wir uns verlassen und damit wir uns trösten und unser Herz stillen können. Doch Gott hat unser Herz gestillt durch seine Schrift.**

Matthias Claudius

10. Okt

11. Okt

12. Okt

Gottes Verheißungen – meine Erkenntnisse

AT *Jer 13, 14* **10. Okt** *Jo 6* NT/Ps

AT *Jer 15, 16* **11. Okt** *Ps 116* NT/Ps

AT *Jer 17, 18* **12. Okt** *Jo 7* NT/Ps

Mein Lob – mein Dank – meine Gebetsgedanken

Gott lieben, dass heißt, sich an ihm freuen, gerne an ihn denken, gerne zu ihm beten.*

Dietrich Bonhoeffer

13. Okt

14. Okt

15. Okt

Gottes Verheißungen – meine Erkenntnisse

AT *Jer 19, 20* 13. Okt *Jo 8* NT/Ps

AT *Jer 21, 22* 14. Okt *Ps 117, 118* NT/Ps

AT *Jer 23, 24* 15. Okt *Jo 9* NT/Ps

Mein Lob – mein Dank – meine Gebetsgedanken

Eine gründliche Kenntnis der Bibel ist mehr wert als ein Universitätsstudium.**

Theodore Roosevelt

16. Okt

17. Okt

18. Okt

Gottes Verheißungen – meine Erkenntnisse

AT *Jer 25, 26* **16. Okt** *Jo 10* NT/Ps

AT *Jer 27, 28* **17. Okt** *Jo 11* NT/Ps

AT *Jer 29, 31* **18. Okt** *Ps 119, 1 – 24* NT/Ps

Mein Lob – mein Dank – meine Gebetsgedanken

Wer nur betet, wenn er dazu aufgelegt ist, wird bald ganz aufhören zu beten.*

C. H. Spurgeon

19. Okt

20. Okt

21. Okt

Gottes Verheißungen – meine Erkenntnisse

AT *Jer 32, 33* 19. Okt *Jo 12* NT/Ps

AT *Jer 34, 35* 20. Okt *Jo 13* NT/Ps

AT *Jer 36, 37* 21. Okt *Ps 119, 25 – 48* NT/Ps

Mein Lob – mein Dank – meine Gebetsgedanken

Die Verheißungen der Bibel sind die Blankoschecks Gottes.*

Peter Hahne

22. Okt

23. Okt

24. Okt

Gottes Verheißungen – meine Erkenntnisse

AT *Jer 38, 39* 22. Okt *Jo 14* NT/Ps

AT *Jer 40, 41* 23. Okt *Jo 15* NT/Ps

AT *Jer 42, 43* 24. Okt *Jo 16* NT/Ps

Okt.

Mein Lob – mein Dank – meine Gebetsgedanken

Gott will, wenn wir zu ihm beten, nicht etwas Neues von uns hören, sondern er möchte uns hören - und das immer wieder aufs Neue.*

H. J. Eckstein

25. Okt

26. Okt

27. Okt

Gottes Verheißungen – meine Erkenntnisse

AT *Jer 44 – 46* **25. Okt** *Ps 119, 49 – 72* NT/Ps

AT *Jer 47, 48* **26. Okt** *Jo 17* NT/Ps

AT *Jer 49, 50* **27. Okt** *Jo 18* NT/Ps

Mein Lob – mein Dank – meine Gebetsgedanken

Niemand ist so hoch gebildet, niemand so ungebildet, dass er auf die Bibel verzichten könnte.**

Paul W. v. Keppler

28. Okt

29. Okt

30. Okt

31. Okt

Okt.

Gottes Verheißungen – meine Erkenntnisse

AT *Jer 51, 52* 28. Okt *Ps 119, 73 – 96* NT/Ps

AT *Kla 1, 2* 29. Okt *Jo 19* NT/Ps

AT *Kla 3 – 5* 30. Okt *Jo 20* NT/Ps

AT *Hes 1* 31. Okt *Jo 21* NT/Ps

Anregungen zum gemeinsamen Gebet

Die folgenden Gedanken sind als Anregungen zum gemeinsamen Gebet mit einem Gebetspartner gedacht. Einiges davon kann auch für das gemeinsame Gebet mit dem Ehepartner oder einem Freund angewendet werden.

Jesus Christus hat in Matthäus 18,19 verheißen: *„Wenn zwei von euch hier auf der Erde darin eins werden, eine Bitte an Gott zu richten, dann wird mein Vater im Himmel diese Bitte erfüllen. Denn wo zwei oder drei zusammenkommen, die zu mir gehören, bin ich mitten unter ihnen"* (NLB).

Das gemeinsame Gebet verbindet

Gemeinsam zu beten, kann zu den intensivsten und bedeutungsvollsten Momenten einer Beziehung gehören. Das gemeinsame Gebet verbindet dich mit deinem Partner auf geistlicher Ebene. Es schweißt zusammen. Es ist eine Quelle der Ermutigung und ein unschätzbarer Ausdruck der gegenseitigen Unterstützung. Es hilft, Verantwortung gemeinsam zu tragen. Im gemeinsamen Gebet wird die Last einer Aufgabe geteilt und dadurch leichter. Ich erfahre: Ich bin nicht allein. Geteilte Freude wird im gemeinsamen Gebet größer. Es ist ein Zeichen der Wertschätzung und Aufmerksamkeit für den anderen. Es drückt Anteilnahme und Fürsorge aus. Es ist ein Ausdruck gegenseitigen Vertrauens. Kurzum, es ist ein unermesslicher Segen für jede Beziehung.

Damit das gemeinsame Gebet diese positive Wirkung entfalten kann und dein Gebetspartner sich vielleicht überhaupt erst für die Möglichkeit des gemeinsamen Gebets öffnet, sind einige Dinge zu beachten:

Benutze das Gebet mit deinem Ehepartner und Freund nie, um versteckte Kritik an den anderen zu richten. Verwende das gemeinsame Gebet nicht als subtiles Druckmittel, um Vorwürfe zu äußern. Es ist ein Missbrauch des Gebets, wenn man im Gebet seine Unzufriedenheit über den anderen zur Sprache bringt. Keiner freut sich über versteckte Anspielungen und Vorwürfe. Solche Gebete stoßen ab. Sie verursachen verschlossene Herzen und hinterlassen eine wachsende Unwilligkeit, gemeinsam zu beten.

Bete *mit* deinem Freund oder Ehepartner, nicht *über* ihn/sie. Sehr leicht kann der Eindruck entstehen, du predigtest den anderen in deinem Gebet an. Solange der andere nicht ausdrücklich um deine Gebetsunterstützung in einem konkreten Bereich gebeten hat, wo er/sie Hilfe braucht, ist es weise, diese Dinge nur in deinem privaten Gebet vor Gott zu bringen, aber nicht im gemeinsamen Gebet.

Nicht jeder ist es gewohnt, gemeinsam zu beten. Vielleicht hat dein Gebetspartner, dein Freund, dein Ehepartner nie die Gelegenheit gehabt, ein gutes Vorbild im gemeinsamen Gebet kennenzulernen. Vielleicht verbindet er/sie mit dem gemeinsamen Gebet unangenehme Erfahrungen. Wenn dein Gebetspartner zögerlich ist, dann dränge ihn/sie nicht! Sei behutsam. Das klingt einfach, kann aber zu einer großen Herausforderung werden, wenn der eigene Wunsch nach einem gemeinsamen Gebet sehr groß ist.

Vielleicht ist dein Freund, dein Ehepartner bereit, mit dir zu beten, findet es aber schwierig, sich dir im Gebet ganz zu öffnen. Häufig führt ein größeres Vertrauen in anderen Bereichen auch zu einer größeren Offenheit im gemeinsamen Gebet. Bitte Gott in deinem eigenen, privaten (!) Gebet darum, dir Weisheit und Kreativität zu schenken, wie das gegenseitige Vertrauen wachsen kann.

Bete für den anderen. Bete für konkrete Dinge und Bereiche, in denen er Hilfe sucht. Bete so, dass der andere durch dein Gebet Ermutigung und Trost erfährt.

Lass den anderen wissen, dass du seine Gebete schätzt und sie für konkrete Situationen brauchst. Du kannst z.B. sagen: „Ich würde es wirklich schätzen, wenn du heute – auch während des Tages – für mich beten könntest. Ich fürchte mich vor…“ Oder: „Ich bin unsicher, wie ich eine bestimmte Situation meistern kann…“ Oder: „Ich brauche Gebetsschutz, wenn ich dort hingehe…“ Das eröffnet die Gelegenheit, sich später darüber auszutauschen, um zu erfahren, wie es einem gegangen ist, und kann dann auch in ein gemeinsames Gebet münden, in dem man Gott dafür dankt oder seine weitere Hilfe in Anspruch nimmt.

Beim Essen ergeben sich häufig auch Gelegenheiten für gemeinsame Gebete. In der Familie kann man sich z.B. die Hände reichen und vor der Mahlzeit auch ein gemeinsames Gebetsanliegen einbringen: „Heute können wir Gott dafür danken, dass er Ulrike bei ihrer Prüfung geholfen hat.“ Oder: „Heute wollen wir auch um Gelingen für die ärztliche Untersuchung bitten, die Frank morgen hat.“

Anregungen zum gemeinsamen Gebet

In einer Familie mit Kindern ist es für Ehepartner manchmal leichter, gemeinsam mit den Kindern zu beten.

In unserer betriebsamen und geschäftigen Welt ist es manchmal wichtig, sich bewusst Zeiten für das gemeinsame Gebet freizuhalten oder einzuplanen. Sprich mit deinem Freund oder Ehepartner über Möglichkeiten, wann ihr miteinander beten könnt. Betet für eine geeignete Zeit. Wo es möglich ist, können in der Familie morgens vor oder nach dem Frühstück ein paar Minuten für das gemeinsame Gebet reserviert werden, oder abends vor dem Einschlafen.

Erinnere den anderen durch eine freundliche SMS, dass du für ihn/sie betest.

Manchmal ist es nur möglich, über das Telefon miteinander zu beten. Das ist eine tolle Möglichkeit, auch über weite Entfernungen in (Gebets-) Kontakt zu bleiben und den anderen hören zu lassen, dass du für ihn betest.

Lest einen ermutigenden Bibelvers, bevor ihr gemeinsam betet. Erinnere dich an Gottes Eigenschaften und Fähigkeiten und danke ihm für das, was er getan hat und bereit ist, auch fernerhin zu tun.

Gebetstagebuch – November

Mein Lob – mein Dank – meine Gebetsgedanken

Es ist viel leichter, für einen Langweiler zu beten, als ihn zu besuchen.*

C. S. Lewis

1. Nov

2. Nov

3. Nov

Nov.

Bibeltagebuch – November

Gottes Verheißungen – meine Erkenntnisse

AT *Hes 2, 3* **1. Nov** *Ps 119, 97 – 120* NT/Ps

AT *Hes 4, 5* **2. Nov** *Jak 1* NT/Ps

AT *Hes 6, 7* **3. Nov** *Jak 2* NT/Ps

Nov.

Gebetstagebuch – November

Mein Lob – mein Dank – meine Gebetsgedanken

Es gibt ein Buch,
das viele, die es
auswendig wissen,
nicht kennen.**

Marie Freifrau von
Ebner-Eschenbach

4. Nov

5. Nov

6. Nov

Gottes Verheißungen – meine Erkenntnisse

AT *Hes 8, 9* 4. Nov *Ps 119, 121 – 144* NT/Ps

AT *Hes 10, 11* 5. Nov *Jak 3* NT/Ps

AT *Hes 12, 13* 6. Nov *Jak 4* NT/Ps

Nov.

Gebetstagebuch – November

Mein Lob – mein Dank – meine Gebetsgedanken

Menschen können uns alles wegnehmen, aber sie können es uns nicht nehmen, dass wir für sie und unsere Freunde beten.*

Gordon MacDonald

7. Nov

8. Nov

9. Nov

Gottes Verheißungen – meine Erkenntnisse

AT *Hes 14, 15* 7. Nov *Jak 5* NT/Ps

AT *Hes 16, 17* 8. Nov *Ps 119, 145 – 176* NT/Ps

AT *Hes 18, 19* 9. Nov *1 Pt 1* NT/Ps

Mein Lob – mein Dank – meine Gebetsgedanken

Die Bibel redet nicht um den heißen Brei herum, sondern mitten ins Herz.*

Peter Hahne

10. Nov

11. Nov

12. Nov

Gottes Verheißungen – meine Erkenntnisse

AT *Hes 20, 21* 10. Nov *1 Pt 2* NT/Ps

AT *Hes 22, 23* 11. Nov *Ps 120 – 122* NT/Ps

AT *Hes 24, 25* 12. Nov *1 Pt 3* NT/Ps

Gebetstagebuch – November

Mein Lob – mein Dank – meine Gebetsgedanken

Es ist nicht so, dass unsere Gebete nicht erhört werden, sondern dass wir die Antworten nicht akzeptieren.*

Kosti Tolonen

13. Nov

14. Nov

15. Nov

Nov.

Gottes Verheißungen – meine Erkenntnisse

AT *Hes 26, 27* 13. Nov *1 Pt 4* NT/Ps

AT *Hes 28, 29* 14. Nov *1 Pt 5* NT/Ps

AT *Hes 30, 31* 15. Nov *Ps 123 – 124* NT/Ps

Mein Lob – mein Dank – meine Gebetsgedanken

Wer seinen Gott verloren hat, der kann ihn in der Bibel wiederfinden, und wer ihn nie gekannt hat, dem weht hier entgegen der Odem des göttlichen Wortes.*

Heinrich Heine

16. Nov

17. Nov

18. Nov

Gottes Verheißungen – meine Erkenntnisse

AT *Hes 32, 33* 16. Nov *2 Pt 1* NT/Ps

AT *Hes 34, 35* 17. Nov *2 Pt 2* NT/Ps

AT *Hes 36, 37* 18. Nov *Ps 126 – 128* NT/Ps

Nov.

Gebetstagebuch – November

Mein Lob – mein Dank – meine Gebetsgedanken

Es ist fast unglaublich, wie weit wir zu gehen bereit sind, um Gott nicht gehorchen zu müssen. Wir nennen Jesus „Herr“ und bitten Ihn, unsere Seelen zu erneuern, aber wir unternehmen alles, um nicht zu tun, was Er sagt. Wenn wir es mit Sünden oder Bekenntnis oder einer moralischen Änderung unseres Lebens zu tun bekommen, finden wir es leichter, eine halbe Nacht zu beten als Gott zu gehorchen.*

Aiden Wilson Tozer

19. Nov

20. Nov

21. Nov

Gottes Verheißungen – meine Erkenntnisse

AT *Hes 38, 39* 19. Nov *2 Pt 3* NT/Ps

AT *Hes 40, 41* 20. Nov *1 Jo 1* NT/Ps

AT *Hes 42, 43* 21. Nov *1 Jo 2* NT/Ps

Gebetstagebuch – November

Mein Lob – mein Dank – meine Gebetsgedanken

Wer die Schrift nicht liest mit einem zu Gott gekehrten, betenden Herzen, der geht von einem vollen Tisch leer, matt und mager wieder zurück, wie viel auch der Kopf gesammelt haben möchte.*

Gerhard Tersteegen

22. Nov

23. Nov

24. Nov

Nov.

Gottes Verheißungen – meine Erkenntnisse

AT *Hes 44, 45* 22. Nov *Ps 129 – 131* NT/Ps

AT *Hes 46, 47* 23. Nov *1 Jo 3* NT/Ps

AT *Hes 48* 24. Nov *1 Jo 4* NT/Ps

Mein Lob – mein Dank – meine Gebetsgedanken

Beten bedeutet:
Mit Gott
Geheimnisse
haben.*

Paul Deitenbeck

25. Nov

26. Nov

27. Nov

Gottes Verheißungen – meine Erkenntnisse

AT *Da 1 – 3* **25. Nov** *Ps 132 – 134* NT/Ps

AT *Da 4, 5* **26. Nov** *1 Jo 5* NT/Ps

AT *Da 6, 7* **27. Nov** *2 Jo* NT/Ps

Mein Lob – mein Dank – meine Gebetsgedanken

Ohne Bibel wird der evangelische Pfarrer zum Schwätzer und der katholische Priester zum Zauberer.*

Adolf Schlatter

28. Nov

29. Nov

30. Nov

Gottes Verheißungen – meine Erkenntnisse

AT *Da 8, 9* **28. Nov** *3 Jo* NT/Ps

AT *Da 10 – 12* **29. Nov** *Ps 135, 136* NT/Ps

AT *Hos 1, 2* **30. Nov** *Jud* NT/Ps

Gebete für Missionare

Missionare sind Menschen, die – geistlich gesehen – an vorderster Front kämpfen. Häufig befinden sie sich in besonderen Situationen und Umständen und begegnen Herausforderungen, die unserer besonderen Gebetsunterstützung bedürfen. Die folgenden Anregungen sollen eine Hilfe sein, konkret für bestimmte Anliegen zu beten, die vor allem in fremden Ländern auftreten.[1] Es gibt aber auch Missionare in unseren eigenen Breitengraden. Passe die Anregungen auf ihre besondere Situation an, z.B. wenn sie von Tür zu Tür gehen, um Menschen von Gott zu erzählen oder christliche Literatur zu verbreiten. Wenn dir ein Missionar namentlich bekannt ist, kannst du den jeweiligen Namen einfügen.

Stell dir vor, du musst eine fremde Sprache sprechen und lesen lernen. Bitte Gott, dass er _____ hilft, die Sprache der Menschen gut zu erlernen, denen er/sie dient, sodass die Menschen das Evangelium angemessen verstehen. Bitte Gott, dass durch sein/ihr Reden und Handeln bei aller sprachlichen Unvollkommenheit immer Gottes Liebe sichtbar wird.

Stell dir vor, du lebst in einer dir fremden Kultur mit Sitten und Gebräuchen, die dir nicht vertraut sind. Bitte Gott um Sensibilität für Ungewohntes und dass _____ die Gewohnheiten und Gebräuche der neuen Kultur versteht und richtig einordnen kann. Bitte Gott um Bescheidenheit und Weisheit, um mit anderen respektvoll umzugehen, sodass sie sich nicht abgestoßen fühlen.

[1]Die folgenden Gebetsanregungen greifen Anliegen auf, die *Adventist Frontiers Mission* (AFM) auf ihrer Homepage nennt (http://www.afmonline.org/prayer/guide.php, Zugriff: 11.10.2011). AFM ist eine Missionsorganisation, die vor allem in Gebieten und unter Volksgruppen arbeitet, in denen es bislang noch keine Christen gibt.

Stell dir vor, du arbeitest Wochen, Monate, ja, Jahre lang ohne (großen) sichtbaren Erfolg. Bitte Gott um Ausdauer, Aufmerksamkeit und Geduld, wenn manches nicht so schnell geschieht, wie man es sich wünscht. Bitte Gott, dass _____ ihm dennoch treu bleibt.

Stell dir vor, du lebst in einer entlegenen Gegend, wo du auf andere Mitarbeiter und ihre Unterstützung angewiesen bist. Vielleicht müssen sie für dich einkaufen, sich um Nachschub kümmern, sich um eine Fülle von anderen Bedürfnissen kümmern. Bitte Gott um ein vertrauensvolles und verlässliches Miteinander in diesen alltäglichen Angelegenheiten.

Stell dir vor, du lebst in einem Land, in dem die Nahrungsmittel, die es gibt, ungewohnt und die hygienischen Verhältnisse nicht gesundheitsförderlich sind. Bitte Gott, dass _____ die Nahrung verträgt, die er/sie isst, dass er/sie davon ausreichend Kraft erhält, dass sauberes Wasser zur Verfügung steht und er/sie gesund leben kann.

Stell dir vor, du musst deine Kinder in einer fremden Kultur und einem Umfeld selbst unterrichten und erziehen, wo es keine öffentlichen oder kirchlichen Schulen gibt. Bitte Gott um Weisheit, Geduld, Liebe, Ausgewogenheit und die notwendige Unterstützung für diese wichtige Aufgabe. Bitte Gott, dass die Kinder verstehen, dass auch sie Zeugen für Gott sind und dass sie gute neue Freunde finden.

Gebete für Missionare

In fremder Umgebung und fremder Sprache, inmitten einer fremden Kultur und ohne engeren Freundeskreis in der näheren Umgebung fühlt man sich leicht einsam. Bitte Gott, dass _____ nicht mutlos wird. Bitte Gott um Weisheit und Kreativität, um _____ zu zeigen, dass andere für ihn/sie beten und er/sie nicht vergessen ist.

Missionare sind häufig unterwegs und befinden sich mitunter auch in gefährlichen Situationen. Manchmal begegnen sie gefährlichen oder giftigen Tieren, manchmal sind sie in Gefahr durch Menschen oder auf Reisen. Bitte Gott um seinen besonderen Schutz durch seine Engel auf allen ihren Wegen. Bitte Gott, dass _____ erfährt, dass der Herr ihm/ihr nicht einen Geist der Furcht, sondern der Kraft, Liebe und Besonnenheit geschenkt hat (2 Tim 1,7).

Missionare erleben auch geistliche Dunkelheit und das Wirken dämonischer Mächte. Bitte Gott um Glaubensmut und Zuversicht angesichts dieser Widerstände und auch um besonderen Schutz vor allem Bösen, sodass _____ erlebt, dass Jesus wahrhaftig der Sieger ist.

Stell dir vor, du bist tagtäglich gefordert, dringenden Bedürfnissen anderer Menschen Abhilfe zu schaffen (medizinisch, seelsorgerlich, geistlich, Bedürfnisse der eigenen Familie und der Mitarbeiter, etc.). Inmitten dieses pausenlosen Gebens ist es leicht, die eigene stille Zeit zu vernachlässigen. Bitte Gott, dass er _____ das Verlangen nach Gemeinschaft mit ihm lebendig hält. Dass er/sie sich Zeit für geistliche Erfrischung nimmt und sich auch körperlich erholen kann. Bitte Gott, dass die Vision für diese Arbeit lebendig bleibt.

Gebete für Missionare

Missionare sind oft auf finanzielle Unterstützung angewiesen. Bitte Gott um Menschen, die bereit sind, sich für die Missionare zu engagieren. Bitte Gott um ausreichende finanzielle Mittel, um die Arbeit fortführen zu können.

Manche Missionare sind verheiratet, andere sind ledig. Bitte Gott, dass er _____ hilft, dem Ehepartner in jeder Hinsicht treu zu bleiben, sodass sie einander eine Unterstützung sind. Für die Ledigen bitte, dass Gott ihnen hilft, ihre Aufmerksamkeit ungeteilt für Gott und seine Sache einzusetzen. Bitte Gott auch um Menschen, die sie ermutigen, unterstützen und in ihre Familie und in ihren Freundeskreis integrieren.

Bitte Gott um Frieden und offene Türen bei lokalen Stammesführern, Häuptlingen und verantwortlichen Personen, sodass sie die gute Botschaft ungehindert verbreiten können.

Bitte Gott um Weisheit, wie du taktvoll Kontakt zu fremden Menschen aufbauen kannst, die in deinem Land zu Gast sind, um sie für den Glauben zu interessieren und für Jesus Christus zu gewinnen. Vielleicht befinden sich Gastarbeiter, Immigranten, Asylanten, Studenten oder Fachkräfte aus Ländern in deiner Nähe, in denen es sonst nur schwer möglich wäre, das Evangelium zu verkünden. Vielleicht kannst du ein internationaler Missionar in deiner Umgebung sein.

Bitte Gott um mehr Mitarbeiter, denn die Ernte ist reif, aber Helfer gibt es nur wenige (Mt 9,37).

Gebetstagebuch – Dezember

Mein Lob – mein Dank – meine Gebetsgedanken

An Gottes Dasein glauben heißt: ich stehe nicht mehr vor einem Argument, das meine Zustimmung verlangt, sondern vor einer Person, die mein Vertrauen fordert.*

C. S. Lewis

1. Dez

2. Dez

3. Dez

Dez.

Bibeltagebuch – Dezember

Gottes Verheißungen – meine Erkenntnisse

AT *Hos 3 – 6* **1. Dez** *Offb 1* NT/Ps

AT *Hos 7, 8* **2. Dez** *Ps 137, 138* NT/Ps

AT *Hos 9, 10* **3. Dez** *Offb 2* NT/Ps

Gebetstagebuch – Dezember

Mein Lob – mein Dank – meine Gebetsgedanken

Wo Menschen beten, arbeitet Gott.*

Corrie ten Boom

4. Dez

5. Dez

6. Dez

Dez.

Gottes Verheißungen – meine Erkenntnisse

AT *Hos 11, 12* 4. Dez *Offb 3* NT/Ps

AT *Hos 13,14* 5. Dez *Offb 4* NT/Ps

AT *Joel 1, 2* 6. Dez *Ps 139* NT/Ps

Mein Lob – mein Dank – meine Gebetsgedanken

Manches Gebet erstickt unter einer Bettdecke von Worten.*

C. H. Spurgeon

7. Dez

8. Dez

9. Dez

Dez.

Gottes Verheißungen – meine Erkenntnisse

AT *Joel 3* 7. Dez *Offb 5* NT/Ps

AT *Amos 1, 2* 8. Dez *Offb 6* NT/Ps

AT *Amos 3, 4* 9. Dez *Ps 140, 141* NT/Ps

Mein Lob – mein Dank – meine Gebetsgedanken

Die Schrift muss man betend lesen und lesend beten, weil alles Licht, Segen und Nachdruck allein vom Heiligen Geist aus Gnade herzukommen muss.*

Gerhard Tersteegen

10. Dez

11. Dez

12. Dez

Gottes Verheißungen – meine Erkenntnisse

AT *Amos 5, 6* 10. Dez *Offb 7* NT/Ps

AT *Amos 7, 8* 11. Dez *Offb 8* NT/Ps

AT *Amos 9* 12. Dez *Offb 9* NT/Ps

Mein Lob – mein Dank – meine Gebetsgedanken

Glaube ist beten mit Blick auf Gott, nicht auf die Probleme.*

Oswald Chambers

13. Dez

14. Dez

15. Dez

Dez.

Gottes Verheißungen – meine Erkenntnisse

AT *Ob* 13. Dez *Ps 142, 143* NT/Ps

AT *Jona 1, 2* 14. Dez *Offb 10* NT/Ps

AT *Jona 3, 4* 15. Dez *Offb 11* NT/Ps

Dez.

Gebetstagebuch – Dezember

Mein Lob – mein Dank – meine Gebetsgedanken

Der Teufel lacht oft, wenn wir arbeiten, aber er erbebt, wenn wir beten.*

Corrie ten Boom

16. Dez

17. Dez

18. Dez

Dez.

Gottes Verheißungen – meine Erkenntnisse

AT *Mi 1 – 3* 16. Dez *Ps 144* NT/Ps

AT *Mi 4, 5* 17. Dez *Offb 12* NT/Ps

AT *Mi 6, 7* 18. Dez *Offb 13* NT/Ps

Gebetstagebuch – Dezember

Mein Lob – mein Dank – meine Gebetsgedanken

Beten schafft
Raum für die
Stimme Gottes,
die dir sagt, dass
du der Geliebte
bist. Wenn du
nicht betest,
rennst du herum
und bettelst um
Bestätigung. Und
dann bist du
nicht frei.*

Henri Nouwen

19. Dez

20. Dez

21. Dez

Gottes Verheißungen – meine Erkenntnisse

AT *Nah 1 – 3* 19. Dez *Offb 14* NT/Ps

AT *Hab 1 – 3* 20. Dez *Ps 145* NT/Ps

AT *Zef 1 – 3* 21. Dez *Offb 15* NT/Ps

Mein Lob – mein Dank – meine Gebetsgedanken

Von den meisten Menschen wird der liebe Gott als eine Art Kundendienst betrachtet, mit dem sie durch Gebete telefonieren.**

Ilona Bodden

22. Dez

23. Dez

24. Dez

Gottes Verheißungen – meine Erkenntnisse

AT *Hag 1, 2* 22. Dez *Offb 16* NT/Ps

AT *Sach 1, 2* 23. Dez *Ps 146, 147* NT/Ps

AT *Sach 3, 4* 24. Dez *Offb 17* NT/Ps

Mein Lob – mein Dank – meine Gebetsgedanken

Ich hab nun
28 Jahr, seit ich
Doktor geworden
bin, stetig in der
Biblia gelesen und
daraus gepredigt,
doch bin ich ihrer
nicht mächtig
und find' noch
alle Tage etwas
Neues drinnen.**

Martin Luther

25. Dez

26. Dez

27. Dez

Gottes Verheißungen – meine Erkenntnisse

AT *Sach 5, 6* 25. Dez *Offb 18* NT/Ps

AT *Sach 7, 8* 26. Dez *Offb 19* NT/Ps

AT *Sach 9, 10* 27. Dez *Ps 148* NT/Ps

Gebetstagebuch – Dezember

Mein Lob – mein Dank – meine Gebetsgedanken

Deine Gebete werden im Himmel alle aufbewahrt. Werden sie auch nicht sogleich erhört, so werden sie doch nicht vergessen.*

C. H. Spurgeon

28. Dez

29. Dez

30. Dez

31. Dez

Dez.

Gottes Verheißungen – meine Erkenntnisse

AT *Sach 11, 12* 28. Dez *Offb 20* NT/Ps

AT *Sach 13, 14* 29. Dez *Offb 21* NT/Ps

AT *Mal 1, 2* 30. Dez *Ps 149, 150* NT/Ps

AT *Mal 3, 4* 31. Dez *Offb 22* NT/Ps

Anregung zur Fürbitte

Wir mögen mit unserem begrenzten Verstand nicht verstehen, wie Gottes Allwissenheit, seine Allmacht, seine Liebe und unsere Fürbitte miteinander verwoben sind, aber die folgenden Prinzipien sind in der Bibel klar erkennbar:

Fürbitte ist ein wichtiger Dienst im Leben der Gläubigen

In der Bibel ist Fürbitte ein wichtiger Teil des Dienstes derer, die das Wort Gottes verkünden.

> *„Es sei aber auch ferne von mir, mich an dem Herrn dadurch zu versündigen, dass ich davon abließe, für euch zu beten und euch zu lehren den guten und richtigen Weg!"* (1 Sam 12,23).

Der Apostel Paulus ermutigt uns, nicht nur für gläubige Menschen zu beten, sondern für alle Menschen.[1]

> *„So ermahne ich nun, dass man vor allen Dingen tue Bitte, Gebet, Fürbitte und Danksagung für alle Menschen, für die Könige und für alle Obrigkeit, damit wir ein ruhiges und stilles Leben führen können in aller Frömmigkeit und Ehrbarkeit. Dies ist gut und wohlgefällig vor Gott, unserem Heiland, welcher will, dass allen Menschen geholfen werde und sie zur Erkenntnis der Wahrheit kommen"* (1 Tim 2,1-4).

In unserer Fürbitte lenken wir unseren Willen und unsere Gebete auf die Möglichkeiten Gottes. Ich bringe eine Person oder Sache vor Gott, bitte im Sinne Jesu für das Anliegen und rechne im Glauben mit Gottes unbegrenzter Macht. Es geht nicht darum, meine persönlichen Vorlieben vor Gott zu bringen und dann von Gott zu verlangen, nach meinen Wünschen zu handeln.

[1] Gezielte Anregungen für wöchentliche Fürbitte findest du auf den Seiten 296 bis 311.

Vielmehr identifiziere ich mich in der Fürbitte mit Gottes Anliegen und erbitte das, was ihn verherrlicht und seinem Namen die Ehre gibt.

Jesus ist unser Vorbild in der Fürbitte

Jesus pflegte Zeiten des Gebets (Mk 1,35; Lk 11,1) und betete intensiv für seine Jünger (Jo 17).

> *„Ich bitte für sie und bitte nicht für die Welt, sondern für die, die du mir gegeben hast; denn sie sind dein. . . . Heiliger Vater, erhalte sie in deinem Namen, den du mir gegeben hast, dass sie eins seien wie wir. . . . Ich bitte dich nicht, dass du sie aus der Welt nimmst, sondern dass du sie bewahrst vor dem Bösen. . . . Heilige sie in der Wahrheit; dein Wort ist die Wahrheit. . . . Ich bitte aber nicht allein für sie, sondern auch für die, die durch ihr Wort an mich glauben werden, damit sie alle eins seien. . . . Vater, ich will, dass, wo ich bin, auch die bei mir seien, die du mir gegeben hast. . .“* (Jo 17,9-21)

Jesus war es wichtig, für seine Nachfolger zu beten. Sein Vorbild spornt uns an.

In der Fürbitte habe ich Teil an Gottes Werk

In Epheser 6,18 schreibt Paulus:

> *„Betet allezeit mit Bitten und Flehen im Geist und wacht dazu mit aller Beharrlichkeit im Gebet für alle Heiligen und für mich, dass mir das Wort gegeben werde, wenn ich meinen Mund auftue, freimütig das Geheimnis des Evangeliums zu verkündigen“* (vgl. Phil 4,6).

Anregung zur Fürbitte

In Kolosser 1,9-11 beschreibt Paulus, wie er für die Gläubigen in Kolossae fürbittend eintritt:

„Darum lassen wir auch von dem Tag an, an dem wir's gehört haben, nicht ab, für euch zu beten und zu bitten, dass ihr erfüllt werdet mit der Erkenntnis seines Willens in aller Weisheit und Einsicht, dass ihr des Herrn würdig lebt, ihm in allen Stücken gefallt und Frucht bringt in jedem guten Werk und wachst in der Erkenntnis Gottes und gestärkt werdet mit aller Kraft durch seine herrliche Macht zu aller Geduld und Langmut."

Auch die Urgemeinde war in Fürbitte vereint. In Apostelgeschichte 12,5 lesen wir, dass die Gemeinde ausdauernd für Petrus betete, als er im Gefängnis war.

Fürbitte verändert

Für Paulus und die ersten Christen war es ein Vorrecht, täglich in der Fürbitte vor Gott zu treten. Auch heute können wir füreinander im Gebet einstehen und um Gottes Hilfe bitten. Das können wir zusammen mit anderen Gläubigen in der Gemeinde tun, allein zu Hause oder unterwegs. Ja, sogar auf dem Krankenbett oder im Rollstuhl ist es möglich, für andere zu beten. Gebet vereint – auch über große Entfernungen hinweg.

Fürbitte verändert – in vielfacher Weise. Zuerst verändert sie den, der betet. Mein Beten bringt nicht Gott zu mir herab – es hebt mich in Gottes Gegenwart empor. Es schenkt mir einen neuen Blick für seine Möglichkeiten. Es öffnet mein Herz für die Nöte anderer Menschen. Es lässt mich Anteil haben an Gottes Sehnsucht nach uns verlorenen Sündern und an seinem Wirken in dieser Welt.

Fürbitte verändert aber auch das Leben anderer. Auch wenn es menschlich nicht erklärbar ist, wissen wir aufgrund von Glaubenserfahrungen, dass durch Gebet auf übernatürliche Weise Menschen, Dinge und Prozesse durch Gott verändert werden können. Tatsache ist, dass Gott sich wünscht, dass wir im Glauben von ihm Großes erbitten. Und unsere Gebete geben ihm die Gelegenheit, sich mächtig zu erweisen.

In all unseren Bitten bleibt Gott souverän. Er handelt in seiner Liebe und Weisheit so, wie er es für richtig hält.

Für andere zu beten ist ein großer Segen. Probiere es aus. Es lohnt sich!

> Sorge macht blind gegenüber der Zukunft, Jesus aber sieht das Ende vom Beginn an. Er weiß hilfreiche Wege aus jeder Not. Unser himmlischer Vater hat Tausende Hilfen für uns bereit, von denen wir nichts ahnen. Wer sich den Leitsatz zu eigen macht, dem Dienst für Gott und für seine Ehre den ersten Platz einzuräumen, wird erleben, dass die Schwierigkeiten schwinden und sich vor seinen Füßen ein ebener Pfad ausbreitet. [IX]
>
> Ellen G. White

Wöchentliche Gebetsschwerpunkte

„Liebe Brüder, im Namen von Jesus Christus, unserem Herrn, fordere ich euch auf, mich in meinem Kampf zu unterstützen, indem ihr für mich zu Gott betet. Ja, betet für mich aufgrund der Liebe zu mir, die der Heilige Geist euch schenkt."
(Paulus im Römerbrief, 15,30) NLB

„Wenn die Menschen zu mir beten und meine Nähe suchen und zu mir zurückkehren, will ich sie im Himmel erhören und ihnen die Sünden vergeben und ihr Land heilen."
(Gott in 2. Chronik 7,14)

Die folgenden Seiten bieten Anregungen, regelmäßig, an jedem Tag der Woche, für konkrete Personen oder Gebetsanliegen zu beten. Die inhaltliche Anordnung für jeden Tag der Woche hat verschiedene Gebetsschwerpunkte, auf die sich die Fürbitte an diesem Tag konzentriert. So gewinnt das tägliche Beten eine zielgerichtete Struktur.[1]

[1]Die Anregung für diese gezielten wöchentlichen Gebetsschwerpunkte habe ich dem Buch von Dean Ridings, *The Pray! Prayer Journal: Daily Steps Toward Praying God's Heart* (Colorado Springs, CO: NavPress, 2003), 7-14, entnommen. Die Anordnung und Gestaltung der wöchentlichen Gebetsschwerpunkte wurde dabei verändert und neu gestaltet.

Wöchentliche Gebetsschwerpunkte

Überall und zu allen Zeiten, in allen Kümmernissen und Glaubensnöten, wenn der Ausblick dunkel erscheint und die Zukunft verwirrend und wir uns hilflos und allein fühlen, wird Gott den Tröster, den Heiligen Geist, senden als Antwort auf unsere Gebete. Die Verhältnisse mögen uns von allen Freunden trennen, nichts aber, kein besonderer Umstand, keine Entfernung, vermag uns von dem himmlischen Tröster zu scheiden. Wo immer wir sind, wo immer wir hingehen, er ist uns stets zur Seite, um uns zu stützen und zu kräftigen, um uns beizustehen und zu ermutigen. [X]

Ellen G. White

Gebetsschwerpunkt Sonntag

Beten um persönliche Führung

Alle geistliche Erneuerung und Erweckung beginnt zuerst bei mir selbst. Bitte Gott, dir heute Klarheit in wichtigen Bereichen deines eigenen Lebens zu schenken. In welchen Lebensbereichen (denke an dein privates Leben, dein geistliches Leben, deine Freundschaften, deine Familie/Ehe, deine Arbeit, deine Ausbildung) benötigst du Weisheit, um richtig zu handeln? Wo brauchst du Mut für Veränderungen, die im Sinne Gottes sind? Wo muss dein Vertrauen wachsen, dass Gottes Wille, wie er in der Heiligen Schrift geoffenbart ist, gut für dein Leben ist? Benenne konkrete Gebetsanliegen und denke über konkrete Schritte nach, wie du in diesen Bereichen vorgehen möchtest und welche konkreten Ziele du dir steckst. Vertraue Gott deine innersten Sehnsüchte und Wünsche genauso an wie deine heimlichen Befürchtungen und Ängste. Bitte Gott um Mut, über diese ganz persönlichen Anliegen im Licht seines Wortes neu nachzudenken. Gestatte Gott die Führung in deinem Leben und stelle alle Lebensbereiche Gott erneut ganz zur Verfügung (Rö 12,1-2).

Gebetsschwerpunkt Sonntag

Beten um persönliche Führung

Datum	Gebetsanliegen	Antwort auf mein Gebet

Gebetsschwerpunkt Montag

Bete für deine Familie

Bete heute für jedes Mitglied deiner Familie (Vater, Mutter, Sohn, Tochter, Bruder, Schwester). Wenn du verheiratet bist, gehören zu deiner Familie auch die erweiterten Familienmitglieder wie Schwiegertochter/Schwiegersohn, Schwiegervater/Schwiegermutter, evt. auch Enkelkinder (eine praktische Anleitung, für andere zu beten, findest du auf den Seiten 126 bis 129 im Bibel-Gebets-Tagebuch). Wenn sich deine Familie durch Geburt, Hochzeit oder Adoption erweitert, dann nimm die neuen Personen auch in deine Liste auf. Vertraue jede Woche jedes einzelne Mitglied deiner Familie Gott besonders an. Überlege, in welchen Situationen deine Familienangehörigen besondere Unterstützung, Hilfe, Weisheit, Führung, Kraft, Zuversicht, Mut und Trost benötigen. Bitte Gott, dass er ihnen gibt, was sie benötigen und dass er dir zeigt, wie er dich gebrauchen kann, um für sie zum Segen zu sein. Bitte Gott, dass er jeden einzelnen in deiner Familie Schritt für Schritt näher zu Jesus Christus bringt. Und danke Gott für das, was er in ihrem Leben bereits getan hat und noch tun will.

Gebetsschwerpunkt Montag

Bete für deine Familie

Datum	Name / Anliegen	Antwort auf mein Gebet

Gebetsschwerpunkt Dienstag

Bete für deinen Nächsten, deine Stadt

In Jeremia 29,7 steht: *„Suchet der Stadt Bestes . . . und betet für sie zum Herrn; denn wenn es ihr wohl geht, so geht es auch euch wohl."* Zu den Menschen deiner Stadt gehören auch die Personen, die in deiner Nähe leben, mit denen du zusammen arbeitest, die du in der Schule oder beim Studium triffst, denen du beim Einkaufen begegnest, die in dem Ortsteil leben, in dem du wohnst, usw. Überlege, was für Bedürfnisse die Menschen deiner Umgebung haben und wie ihnen nach Gottes Willen am besten geholfen werden kann. Bitte Gott, dass er dir Wege zeigt, wie du auf freundliche und hilfsbereite Weise Kontakt zu deinen Nachbarn, Mitmenschen und Arbeitskollegen aufbauen und ihr Vertrauen und ihre Freundschaft gewinnen kannst und so „der Stadt Bestes suchst".

Gebetsschwerpunkt Dienstag

Bete für deinen Nächsten, deine Stadt

Datum	Name / Anliegen	Antwort auf mein Gebet

Gebetsschwerpunkt Mittwoch

Bete für dein Land

Der Apostel Paulus schreibt: *„So ermahne ich nun, dass man vor allen Dingen tue Bitte, Gebet, Fürbitte und Danksagung für alle Menschen, für die Könige und für alle Obrigkeit, damit wir ein ruhiges und stilles Leben führen können in aller Frömmigkeit und Ehrbarkeit. Dies ist gut und wohlgefällig vor Gott, unserm Heiland“* (1 Tim 2,1-3). Zu selten beten wir für das Land, in dem wir leben, und die verantwortlichen Männer und Frauen, die es regieren. Bete für den Bürgermeister deines Ortes oder deiner Stadt, für Stadträte, für Ministerpräsidenten, Kanzler, Abgeordnete und Staatsoberhäupter. Bete für wichtige nationale Anliegen und Belange und dass gläubige Menschen in Frieden und Freiheit ihren Glauben ausleben können. Bitte Gott um Weisheit und Kreativität, wie du im Sinne Gottes in deinem Land zum Segen sein kannst.

Gebetsschwerpunkt Mittwoch

Bete für dein Land

Datum	Name / Anliegen	Antwort auf mein Gebet

Gebetsschwerpunkt Donnerstag

Bete für die Mission in der Welt

Bete heute für das Voranschreiten der Mission in der ganzen Welt. Heute werden mehr Christen verfolgt als je zuvor in der Geschichte. Auch heute noch gibt es viele, viele Millionen Menschen und tausende Volksgruppen, die noch nie (!) etwas von Jesus Christus gehört haben. Die Zeit der Weltmission ist nicht vorüber. Bitte besonders für die Menschen, die im sogenannten 10/40-Fenster leben (also zwischen dem 10. und 40. Breitengrad), das sich von Westafrika bis Ostasien erstreckt. Dort sind große Weltreligionen zuhause, und bislang wurden nur wenige Menschen aus diesem Teil der Erde mit dem Evangelium erreicht. In unseren Ländern gibt es Immigranten, Flüchtlinge, Gastarbeiter, Fachkräfte, Studenten und Auswanderer aus diesen Regionen. In ihrer neuen Lebenswelt sind sie oft dankbar für Gesten der Freundlichkeit und schätzen tatkräftige Hilfe und ein freundliches Lächeln. Vielleicht bringt Gott dich in deiner Umgebung mit Menschen in Berührung, in deren Länder das Evangelium sonst nur schwer Eingang findet. Bitte Gott um Liebe für diese Menschen und um Weisheit, wie du ihnen taktvoll begegnen kannst. Überlege dir, wie du am besten ihre Freundschaft gewinnst und ihnen zur rechten Zeit eine Bibel oder andere geeignete Literatur in ihrer Muttersprache schenken kannst. Anregung für konkrete Anliegen von Missionaren findest du auf den Seiten 268 bis 271.

Gebetsschwerpunkt Donnerstag

Bete für die Mission in der Welt

Datum	Name / Anliegen	Antwort auf mein Gebet

Gebetsschwerpunkt Freitag

Bete für einsame, kranke, und hilfsbedürftige Menschen

Sicherlich sind dir Menschen bekannt, die sich aufgrund eines schweren Schicksals, eines Todesfalls, einer Krankheit, einer Notsituation oder einer anderen Herausforderung in einer Situation befinden, in der sie besonderer Fürbitte bedürfen. Vielleicht sind sie einsam oder niedergeschlagen. Vielleicht haben sie Hab und Gut durch eine Naturkatastrophe verloren oder betrauern den Tod eines geliebten Menschen. Vielleicht leiden sie unter Schmerzen oder müssen sich mit einem schwierigen Krankheitsverlauf auseinander setzen. Vielleicht wissen sie nicht weiter, weil sie ihre Arbeit verloren haben oder ein vertrautes Umfeld verlassen mussten. Finde heraus, vor welchen konkreten Herausforderungen diese Menschen stehen und überlege dir praktische Schritte der Hilfe und Unterstützung. Diese Menschen bedürfen deiner Gebete und sind für Gesten der Freundlichkeit und für tatkräftige Hilfe oft sehr dankbar.

Gebetsschwerpunkt Freitag

Bete für einsame, kranke, und hilfsbedürftige Menschen

Datum	Name / Anliegen	Antwort auf mein Gebet

Gebetsschwerpunkt Sabbat

Bete für Gottes Gemeinde

Bete gezielt für deine Gemeinde. Fange mit der Ortsgemeinde an. Bete z.B. für deinen Prediger/Pastor, den Gemeindeleiter, (Kinder-) Sabbatschulleiter, Missionsleiter, Jugendleiter, Diakonieleiter und Diakone, Gemeindeschullehrer, und andere Personen in leitender Funktion. Bete auch für die Ehepartner und Kinder dieser Personen. Bete für Gemeindeglieder deiner Ortsgemeinde, die besondere Gebetsunterstützung brauchen. Bete für die verantwortlichen Vorsteher und Abteilungsleiter in deiner Vereinigung, in deinem Verband/Union, in deiner Division und schließlich auch für die weltweite Gemeinde und ihre Führer. Bitte Gott, dass die gewählten Verantwortungsträger auf allen Ebenen treu nach Gottes Wort handeln, dass ihre persönliche Beziehung zu Jesus lebendig bleibt und sie für Gottes Wege offen sind. Bitte Gott, dass sie Weisheit haben, die Gemeinde richtig zu führen, dass sie Mut haben, im Glauben voran zu gehen und sich auch trauen, unpopuläre Entscheidungen zu treffen, wenn es dem Willen Gottes entspricht. Bitte Gott, dass sie und ihre Familien Gottes Segen erfahren und seinen Schutz, wenn sie viel unterwegs sind. Bitte Gott, dir zu zeigen, wie du die Gemeinde in ihren unterschiedlichen Belangen aktiv unterstützen und dich konstruktiv einbringen kannst. Der Apostel Paulus ruft uns auf: *„Bleibt wachsam und betet beständig für alle, die zu Christus gehören“* (Eph 6,18 NLB).

Gebetsschwerpunkt Sabbat

Bete für Gottes Gemeinde

Datum	Name / Anliegen	Antwort auf mein Gebet

Zitate

Alle Bibelzitate, sofern nicht anders angegeben, entstammen der Bibelübersetzung von Martin Luther, revidierte Fassung von 1984 (Stuttgart: Deutsche Bibelgesellschaft, 1985).

I . . . Ellen G. White, Der große Kampf (Hamburg: Saatkorn-Verlag, 1975), S. 69 (The Great Controversy, [Pacific Press, 1911], S. 69).

II . . . Ellen G. White, Bilder vom Reich Gottes (Lüneburg: Advent-Verlag, 2000), S. 114 (Christ's Object Lesson, [Review and Herald, 1900], S. 146).

III . . . Ellen G. White, Der bessere Weg (Lüneburg: Advent-Verlag, 1995), S. 93 (Steps to Christ, [Pacific Press, 1892], S. 89).

IV . . . Ellen G. White, Testimonies for the Church, Band 5, (Mountain View, CA: Pacific Press, 1889), S. 700.

V . . . Ellen G. White, Aus der Schatzkammer der Zeugnisse, Band 1 (Hamburg: Advent-Verlag, 1975), S. 418 (Testimony Treasures, Band 1 [Pacific Press, 1949], S. 457).

VI . . . Ellen G. White, Counsels on Diet and Foods (1938), S. 189 (28 MS 1900).

VII . . . . Ellen G. White, Der bessere Weg (Lüneburg: Advent-Verlag, 1995), S. 97 (Steps to Christ, [Pacific Press, 1892], S. 93).

VIII . . . Ellen G. White, Aus der Schatzkammer der Zeugnisse, Band 3 (Hamburg: Advent-Verlag, 1975), S. 148 (Testimony Treasures, Band 3 [Pacific Press, 1949], S. 173).

IX . . . . Ellen G. White, Das Leben Jesu (Hamburg: Advent-Verlag, 1973), S. 321 (The Desire of Ages, [Mountain View, CA: Pacific Press, 1898], S. 330).

X . . . Ellen G. White, Das Leben Jesu (Hamburg: Advent-Verlag, 1973), S. 668 (The Desire of Ages, [Mountain View, CA: Pacific Press, 1898], S. 669).

Sonstige Zitate

* . . . . http://www.evangeliums.net/zitate

** . . . . http://glaube-und-kirche.de/zitate

*** . . . . http://das-lebendige-wort.de/Bibel

Literatur-Hinweise

Ellen G. White
Gemeinschaft mit Gott
Eine kleine Schule des Gebets

14 x 21 cm
Paperback
120 Seiten
Advent-Verlag, Krattigen

Das Beten gehört zum Kostbarsten, was Gott uns Menschen gegeben hat. Durch das Gebet können wir Gemeinschaft haben. Aus dieser Verbindung erhalten wir Kraft und Weisheit, die zu einer inneren Erneuerung führen.

In 53 Kapiteln werden systematisch die verschiedensten Aspekte des Gebetes beleuchtet. Ein Bibelvers führt zu konkreten Fragen, die mit verschiedenen Zitaten von Ellen G. White beantwortet werden. Jede Betrachtung schließt mit einem Gebetsvorschlag. Das Gebet macht aus uns Menschen, die einen Halt gefunden haben. Nichts aber braucht unsere unsichere, ruhelose, irrende Welt mehr als solche Menschen.

Literatur-Hinweise

Ellen G. White Newsletter

(in deutscher Sprache)

Ellen G. White Newsletter

Ellen G. White Studienzentrum Bogenhofen

Der Ellen G. White Newsletter wird vom Ellen G. White Studienzentrum am Seminar Schloss Bogenhofen herausgegeben und erscheint in unregelmäßigen Abständen, wenigstens zwei Mal pro Jahr. Er enthält Berichte von und über Ellen G. White und die Adventgeschichte, informiert über interessante Neuerscheinungen und aktuelle Themen.

Wie kann ich den EGW Newsletter bestellen?

Um den Ellen G. White Newsletter zu abonnieren muss man sich unter folgendem Link mit seinem Namen und seiner Email Adresse eintragen. Der Ellen G. White Newsletter wird dann kostenlos per Email zugeschickt. Unter der gleichen Adresse kann man auch frühere Ausgaben kostenlos herunter laden:

http://www.bogenhofen.at/egw_studienzentrum/

Und wenn ich keine Email Adresse habe?

Dann setze dich mit einer Person in Verbindung, die den Ellen G. White Newsletter per Email für dich empfängt, um ihn dann für dich auszudrucken. Gerne darf der Ellen G. White Newsletter auch in kopierter Form an interessierte Personen weiter gegeben werden.

Ekkehardt Müller
Die Lehre von Gott

15 x 21,5 cm
Gebunden
308 Seiten
Top Life Wegweiser-Verlag

Gott zu kennen und zu lieben sind wichtige Faktoren, die unsere persönliche Zukunft prägen. Das vorliegende Buch beschäftigt sich mit der interessanten und komplexen Frage nach Gott. Auf der Grundlage der Bibel trägt dieses Buch dazu bei Gottes Einzigartigkeit und Andersartigkeit besser zu erfassen. Der Autor behandelt u.a. grundlegende Fragen der Erkenntnis Gottes, der Existenz Gottes, des Wesens Gottes und der Dreieinigkeit Gottes. Dabei werden auch die praktische Relevanz des biblischen Gottesglaubens und die theologischen Konsequenzen konkurrierender Gottesbilder in Geschichte und Gegenwart verständlich gemacht. Ein lesenswertes Buch, das beiträgt, den lebendigen Gott der Bibel nicht nur besser zu verstehen sondern ihn auch tiefer zu lieben.

Literatur-Hinweise

Derek J. Morris
Das radikale Gebet

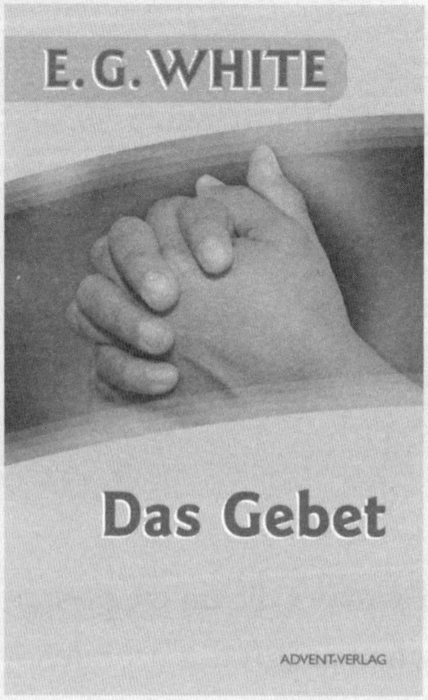

Ellen G. White
Das Gebet

zu beziehen bei:

TOP LIFE Wegweiser-Verlag Prager Straße 287 A-1210 Wien Tel.: 02266/80520 info@toplife-center.com www.toplife-center.com	Advent-Verlag Pulverweg 6 D-21339 Lüneburg Tel. 04131/9835-02 info@advent-verlag.de www.advent-verlag.de	Advent-Verlag Leissigenstr. 17 CH-3704 Krattigen Tel.: 033/6541065 info@advent-verlag.ch www.advent-verlag.ch

SEMINAR SCHLOSS BOGENHOFEN – 4963 St. Peter am Hart, Österreich
Tel. +43 (0)7722 63125 100 – www.bogenhofen.at

www.adventistbookcenter.at